Deutsch mit Olli

3

Lesebuch

erarbeitet von
Simone Eutebach, Sylvia Gredig,
Andrea Sperr, Brigitte Umkehr

mit Illustrationen von
Adja Schwietring, Petra Eimer

Cornelsen

Inhaltsverzeichnis

Deutsch mit Olli

3

Lesetagebuch

Name:

Klasse:

Cornelsen

Ein Buch finden

In der Bücherei stehen Geschichten und Sachbücher getrennt.
Sachbücher sind nach Themen sortiert.
Geschichten stehen alphabetisch nach den Nachnamen
der Autorinnen und Autoren im Regal.

Ich suche bei den Sachbüchern ein Buch über **Fotografie**.

Ich möchte ein Buch von Kirsten Boie lesen. Ich suche bei den Geschichten nach dem Buchstaben **B**.

Sich für ein Buch entscheiden

Prüfe, ob ein Buch zu dir passt.

Betrachte das Buch-Cover.

Lies den Titel. Lies den Klappentext.

Lies die ersten drei Sätze. Schau dir die Bilder an.

Je mehr Sterne du ausmalst, desto besser gefällt es dir.

Das Buch mit den meisten Sternen leihe ich aus und lese es.

	Buch 1	Buch 2	Buch 3
	_____	_____	_____
	_____	_____	_____
	_____	_____	_____
Cover	★ ★ ★ ★	★ ★ ★ ★	★ ★ ★ ★
Titel	★ ★ ★ ★	★ ★ ★ ★	★ ★ ★ ★
Klappen-text	★ ★ ★ ★	★ ★ ★ ★	★ ★ ★ ★
Anfang	★ ★ ★ ★	★ ★ ★ ★	★ ★ ★ ★
Bilder	★ ★ ★ ★	★ ★ ★ ★	★ ★ ★ ★

Ein Buch vorstellen: Buchtresor

Mila möchte ihrer Klasse ein Buch vorstellen.
Sie sucht eine Textstelle aus, die ihr besonders gut gefällt.
Mit dem Computer schreibt Mila den Text ab.
Sie gestaltet ihren Buchtresor passend zum Buch.

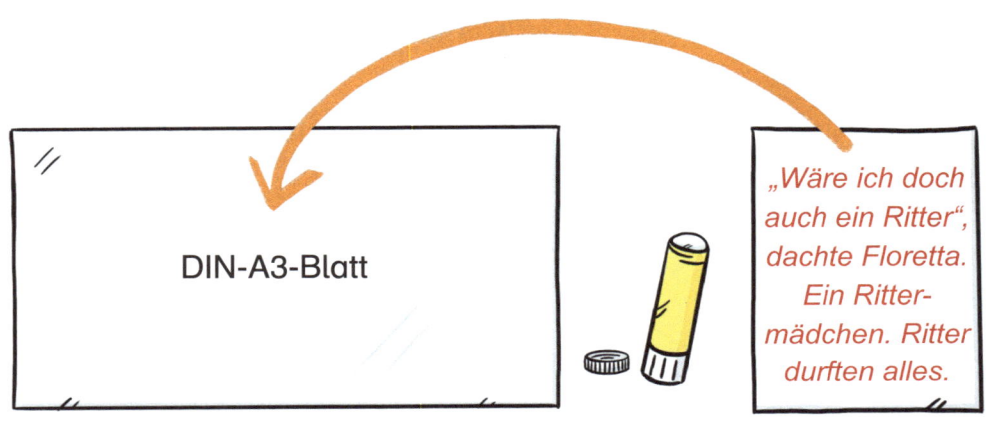

DIN-A3-Blatt

„Wäre ich doch auch ein Ritter", dachte Floretta. Ein Rittermädchen. Ritter durften alles.

„Wäre ich doch auch ein Ritter", dachte Floretta. Ein Rittermädchen. Ritter durften alles.

Floretta

Erst zeige ich allen meinen Tresor.
Dann öffne ich ihn,
um die Textstelle vorzulesen.

Ein Buch empfehlen: Buchleine

In der Klasse hängt eine Wäscheleine.
Die Kinder hängen ihre Buchtipps daran.
Auf der Vorderseite stehen die Angaben zum Buch.
Auf der Rückseite steht Werbung für das Buch.

Ich habe schon einige Tipps gelesen. Milos Lesetipp habe ich in der Bücherei ausgeliehen.

vorne   hinten

Lesetipp von Milo

Kinderbuch, 96 Seiten
Autor: Alan MacDonald
Bilder von David Roberts
Besonderes: drei Geschichten
in einem Buch

Bei Rocco herrscht immer Chaos. Als er eine Wette verliert, muss er in Unterhosen in die Schule kommen. Aber Rocco hat meistens richtig gute Ideen.
Ich fand die Geschichten sehr lustig und musste auch über die witzigen Bilder lachen!

Alan MacDonald:
Rocco Randale
Alan MacDonald:
Rocco Randale
Alan MacDonald:
Rocco Randale
Alan MacDonald:
Rocco Randale
Alan MacDonald:
Rocco Randale
Alan MacDonald:
Rocco Randale

Gute Idee:
Abreißzettel zum
Mitnehmen!

Gemeinsam lesen

Ela ist Emils Lesepartnerin.
Ela passt auf, dass sie alles richtig lesen.
Sie kann schon etwas besser lesen als Emil.
Zusammen üben sie fast jeden Tag.

Es klapp jeden Tag
besser, Emil!

Zusammen sind wir
ein gutes Team.

Auf Elas Startkommando
lesen beide gemeinsam
den Text halblaut vor:

3 – 2 – 1 – LOS!

Ela zeigt mit dem Finger auf die Zeilen,
die sie lesen.

Wenn Emil ein Lesefehler passiert,
tippt Ela ihm auf die Schulter.

Sie wiederholen das Wort richtig und
lesen den Satz noch einmal.

Mit diesen Texten
könnt ihr gut üben.

Wenn Emil sich sicher fühlt,
liest er alleine und Ela liest leise mit.

Gemeinsam einen Text erarbeiten

Sami und Naomi erarbeiten zusammen einen Text.
Sie lesen sich gegenseitig vor und hören einander zu.
Sami und Naomi tauschen sich über den Text aus.

Ich lese dir
einen Sachtext vor.

Ich höre genau zu
und merke mir,
worum es geht.

Sami beginnt.
Er liest den ersten Abschnitt laut vor.

Naomi fasst zusammen,
was Sami gelesen hat.

Sami bestätigt, ob es stimmt.

Dann wechseln sie die Rollen.
Jetzt liest Naomi den nächsten Abschnitt
und Sami fasst zusammen.

Auf diese Weise lesen Sami und Naomi
den ganzen Text.

Am Ende wissen beide Kinder genau,
worum es in dem Text ging.

Tipps für einen Vortrag

Wer einen Vortrag vor der Klasse halten soll,
ist manchmal sehr aufgeregt.
Die Kinder haben Tipps, die helfen können.

Ich schreibe Stichwörter auf Wortkarten. Da kann ich immer draufschauen.

Ich übe meinen Vortrag mehrmals, bevor ich ihn halte.

Ich stoppe beim Üben die Zeit, damit ich weiß, wie lange ich brauche.

Bevor ich in den Klassenraum gehe, hüpfe ich und schüttle Arme und Beine.

Ich atme dreimal tief ein und aus. Erst dann starte ich.

Beim Vortrag schaue ich meine Freundin an, die mir zulächelt.

Einen Vortrag halten

Emil hält seinen Vortrag über die Ritter.
In der Ritterzeit spielt die Geschichte „Gauklerei".
Für den Vortrag hat Emil Wortkarten erstellt.
Er zeigt auch Fotos und Zeichnungen.

Heute berichte ich euch über die Ritterzeit. Damals hat Trenk gelebt.

Die Ritterzeit war im Mittelalter. Das Mittelalter begann im Jahr 500 und dauerte 1000 Jahre.

Nur wer adelige Eltern oder einen Ritter zum Vater hatte, konnte Ritter werden.

Das Wort „Ritter" ist ein altes Wort für „Reiter". Ritter wurden die Kämpfer auf Pferden genannt.

Nur Jungen wie Trenk durften Ritter werden, die Mädchen nicht.

Die Autorin Kirsten Boie hat Kinderbücher über den kleinen Ritter Trenk geschrieben.

Nun bist du an der Reihe!

Sami und Ela haben Geschichten in Emojis versteckt.
Löse die Rätsel. Schreibe den Titel und
die Seite des Lesebuchs dazu.

In meiner Geschichte passiert etwas sehr Ungewöhnliches.

Titel: _____

Seite im Lesebuch: _____

In meiner Geschichte hilft eine tolle Idee, Angst zu besiegen.

Titel: _____

Seite im Lesebuch: _____

10

Nun bist du an der Reihe!

Schreibe auf, welche Bücher du in der 3. Klasse gelesen hast.
Beschreibe den Inhalt mit Emojis.
Bewerte das Buch mit Sternen.

Buch	Inhalt	Sterne
		☆ ☆ ☆ ☆
		☆ ☆ ☆ ☆
		☆ ☆ ☆ ☆
		☆ ☆ ☆ ☆
		☆ ☆ ☆ ☆

Inhalt:

 (cool)   (witzig)   (verrückt)

 (traurig)   (spannend)   (langweilig)

Mein Lieblingsbuch im 3. Schuljahr:

_____

von _____

Quellen

S. 5: © Alan MacDonald: Rocco Randale. Oberstress mit Unterhose. Mit Bildern von David Roberts. Aus dem Englischen von Monika Osberghaus. Klett Kinderbuch: Leipzig 2010.

S. 9: picture-alliance/dpa-Zentralbild/Arno Burgi

S. 9: Kirsten Boie: Der kleine Ritter Trenk. Illustrationen Barbara Scholz. © Verlag Friedrich Oetinger: Hamburg 2006.

S. 10: alle Icons: Shutterstock.com/Carboxylase

S. 11: alle Icons: Shutterstock.com/stas11

Deutsch mit Olli 3 Lesetagebuch

Erarbeitet von:	Simone Eutebach
Redaktion:	Dr. Birgit Waberski
Illustrationen:	Adja Schwietring, Petra Eimer (Papageien Cover, S. 5, 6)
Umschlaggestaltung:	Corinna Babylon und Jule Kienecker, Berlin
Layoutkonzept und technische Umsetzung:	Cornelia Gründer, Corngreen GmbH, Leipzig

Dieses Heft ist Bestandteil des Lesebuches Deutsch mit Olli 3 (ISBN 978-3-464-80262-5) und nicht einzeln bestellbar.
Es kann im 10er-Pack nachbestellt werden (ISBN 978-3-464-82853-3).

LEICHT   BASIS   PLUS   Medienkompetenz

Viele **Gedichte** reimen sich.

Wenn die Reimwörter in zwei Versen direkt untereinanderstehen, ist das ein **Paarreim**.

Die Ente steht auf einem Bein,
der Steinbock lässt das lieber sein.

Wenn sich ein Vers erst
auf den übernächsten Vers reimt,
ist das ein **Kreuzreim**.
Die Reimwörter stehen über Kreuz.

Insekten summen,
Meerschweinchen pfeifen,
Braunbären brummen,
Streithähne keifen.

Manche Gedichte
sehen aus wie ein Bild.
Sie spielen mit Wörtern.

EIN
VOGEL
STEIGT
AUF
UND
FLIEGT
DAVON

Das ist Nadia Budde.
Sie schreibt Reime und
Gedichte und malt die Bilder
zu ihren Büchern.

Das sind Menschen und Tiere,
die Nadia Budde gemalt hat.
Auf ihren Bildern kannst du
viel entdecken.

Wenn Nadia Budde etwas über Menschen erzählen möchte,
zeichnet sie oft Tiere. Die dürfen alles und können
menschliche Eigenschaften sehr gut darstellen.
Beim Spazierengehen mit ihrem Hund
hat Nadia Budde ihre besten Einfälle.

Mein Gedicht
male ich.

Ball, Fall, Knall …
Ich sammle Reimwörter
für ein Gedicht.

Hund wird Hand,
Raum wird Baum …
Ich tausche Buchstaben.

1

Kostümierte Katzen

Kostümierte Katzen kauen Käse.
Moderne Maden mögen Musik.
Trauriger Tiger toastet Tomaten. ◇

Text und Bild: Nadia Budde

Vom Traumschiff zum Raumschiff

Ohne **T** wird das Traumschiff zum Raumschiff.
Und in der Tanne wohnt die ...

Ohne **P** gewinnt der Spatz einfach immer jeden Satz.
Und der Spitz macht nie ...

Ohne **S** fegt der Sturm alle vom Turm.
Nur der Dachs hält sich wacker auf dem ... ◇

Ina Hattenhauer

Tierische Zweizeiler

Wartet eine Schlange lange,
wird aus ihr 'ne Warteschlange.

Affen fallen, wenn sie träumen,
manchmal schlafend von den Bäumen.

Fällt der Vogel von der Stange,
saß er da vielleicht zu lange. ◇   *Paul Maar*

Buchstabentausch oder Tuchstabenbausch

Aus dem Nagel wird die Nadel,
aus der Nadel eine Nudel.
Ist auch besser für den Pudel,
denn der Pudel mag die Nudel.
Eine Nadel mag er nicht,
auch ein Nagel schmeckt ihm nicht.
Aber Nudeln, die sind super,
sie sind Pudels Leibgericht!

Cordula Thörner

Gerüttelt und geschüttelt

Die Eltern gehen Rinder kaufen,
derweil zu Haus die Kinder raufen.

Es sprach der Herr von Rubenstein:
„Mein Hund, der ist nicht stubenrein."

Es klapperten die Klapperschlangen,
bis ihre Klappern schlapper klangen. ◈

Christa Holtei

stimmt es wirklich dass

der zitronenfalter keine zitronen faltet?
der feldhamster keine felder hamstert?
der siebenschläfer nicht bis um sieben schläft?
der haubentaucher nicht nach hauben taucht?
der gänsesäger keine gänse sägt?
die heuschrecke nicht ein kleines bisschen heu erschreckt? ◇

Arne Rautenberg

Die Sprachspinner

Wenn Spinnen spinnen
und Fliegen fliegen,
könnte man glauben,
dass Ziegen ziegen.

5 Wenn Robben robben
und Schaben schaben,
möchte man meinen,
dass Raben raben.

Wenn Pfeifen pfeifen
10 und Flöten flöten,
könnte man denken,
dass Kröten kröten.

Doch lasst euch nicht verwirren,
wenn die Irren irren. ◇

Gerald Jatzek

fliegen
fliegen
fliegen
fliegen
fliegen
fliegen
fliegen
fliegen
fliegen
fliegen
fffffff
ffffff
fffff

l
ie
ge
n

Ernst Jandl

PFLANZEWASSERWASSERWASSERPFLANZE
WASSERWASSERWASSERWURMWASSER
WASSERWASSERWASSERWASSERWASSER
WASSERWASSERWASSERFISCHWASSER
WASSERHCSIFWASSERWASSERWASSER
GRUNDGRUNDGRUNDGRUNDGRUNDGRUND

Der Kabeljau

Das Meer ist weit, das Meer ist blau,
im Wasser schwimmt ein Kabeljau.

Da kommt ein Hai von ungefähr,
ich glaub von links, ich weiß nicht mehr,

verschluckt den Fisch mit Haut und Haar,
das ist zwar traurig, aber wahr.

Das Meer ist weit, das Meer ist blau,
im Wasser schwimmt kein Kabeljau. ◇

Heinz Erhardt

Am Meer

Das Meer kommt,
das Meer geht.

Es kitzelt an meinen Zehen.
Es vergräbt meine Füße
5 im weichen nassen Sand

wie es kommt
und wie es geht.

Das Meer kommt,
das Meer geht.

10 Es verscheucht die Vögel am Ufer.
Es beschenkt mich mit
geschuppten Muscheln

wie es kommt
und wie es geht.

Betsy Franco

Der Badeschwamm

Ich stehe fest am Meeresgrund,
aus Knospen einst geboren.
Ich habe weder Bein noch Mund,
auch Augen nicht und Ohren.

5 Das, was ich brauche, fließt mir zu,
ob Sauerstoff, ob Krill.
Ich nehm es auf in großer Ruh
ganz regungslos und still.

Nur mit der Strömung wieg ich mich
10 im Takt der Anemonen.
Tief unter Wasser lebe ich,
da wo die Fische wohnen.

Zehntausend Jahre steh ich hier.
Ich bin der Schwamm, ein Meerestier.
15 Du kennst mich gut wie deinen Kamm:
Bei dir bin ich ein Badeschwamm. ◇

Iris Schürmann-Mock

Novembervulkan

Der November vulkan
spuckt
Lava aus Laub

Heidi Mordhorst

November

Solchen Monat muss man loben:
Keiner kann wie dieser toben,
keiner so verdrießlich sein
und so ohne Sonnenschein!
5 Keiner so in Wolken maulen,
keiner so mit Sturmwind graulen!
Und wie nass er alles macht!
Ja, es ist 'ne wahre Pracht.

Seht das schöne Schlackerwetter!
10 Und die armen welken Blätter,
wie sie tanzen in dem Wind
und so ganz verloren sind!
Wie der Sturm sie jagt und zwirbelt
und sie durcheinanderwirbelt
15 und sie hetzt ohn' Unterlass:
Ja, das ist Novemberspaß! ◈

Heinrich Seidel

Allee im Herbst

Die Bäume senden Luftpostbriefe.
Langsam schweben sie zu Boden.
Wer sie sieht, versteht die Botschaft:
Winter kommt bald.

Georg Bydlinski

Winterschlaf

Der Igel mag den Winter nicht
Aus diesem Grund verzieht er sich
in eine hintere Ecke vom Garten
(Wo genau, wird nicht verraten!)

5 Sobald es kalt wird, ist er weg
und bleibt in dem Geheimversteck
allein für sich verkrochen
mindestens zwölf Wochen

Doch manchmal hält er's nicht mehr aus
10 Dann guckt er kurz hinaus

Martin Ebbertz

Das Eichhörnchen

Wer solch ein Haus wie ich besitzt,
wer keck im Tannenwipfel sitzt,
sieht überm Wald die Wolken gut
und schaut dem Förster auf den Hut.

Josef Guggenmos

die vögel am himmel wie sie als formation in den süden fliegen

erst auf dem rückweg werden wir sie wieder zu sehen kriegen

Arne Rautenberg

Weihnachtsfreude

Sind die Lichter angezündet,
Freude zieht in jeden Raum;
Weihnachtsfreude wird verkündet
unter jedem Lichterbaum.
Leuchte, Licht, mit hellem Schein,
überall, überall soll Freude sein. ◈

Erika Engel

Vorweihnachtstrubel

Grüner Kranz mit roten Kerzen,
Lichterglanz in allen Herzen,
Weihnachtslieder, Plätzchenduft,
Zimt und Sterne in der Luft.
5 Garten trägt sein Winterkleid,
wer hat noch für Kinder Zeit?

Leute packen, basteln, laufen,
grübeln, suchen, rennen, kaufen,
kochen, backen, braten, waschen,
10 rätseln, wispern, flüstern, naschen,
schreiben Briefe, Mails und Karten,
was sie auch von dir erwarten.

Doch wozu denn hetzen, eilen,
schöner ist es zu verweilen,
15 und vor allem dran zu denken,
sich ein Päckchen „Zeit" zu schenken.
Und bitte lasst noch etwas Raum,
für das Christkind unterm Baum.

Ursel Scheffler

Stringing popcorn to hang on the tree,
one for the string and two for me.

Bob Raczka

Wenn es schneit

Wenn es schneit
hat das ganze Land
Wintersprossen

Heinz Janisch

Winterrätsel

Ich falle vom Himmel
in wirrem Gewimmel.
Ich schimmre
und flimmre
5 und decke das Land,
zahllos wie der Sand.

Doch unversehens
im Sonnenschein
schleich ich
10 und weich ich
und schlüpf ins Dunkel
der Erde hinein. ◇

Friedrich Wilhelm Güll

träum nur wenn du willst

der
schnee
hat einen
traum wie ein
flöckchen fällt und
noch ein flöckchen fällt wie
es weiß wird in der
welt wieder
leis wird
in der
welt

Arne Rautenberg

1

Das Ei

Es fiel einmal ein Kuckucksei
vom Baum herab und ging entzwei.

Im Ei da war ein Krokodil;
am ersten Tag war's im April.

Joachim Ringelnatz

In einem Meer von Mohn

lag träumend eine weiße Maus.
Sie sah die Blüten wogen
und ruhte einfach aus.

Antonie Schneider

Der Frühling

Wie wundervoll ist die Natur!
Man sieht so viele Blüten,
auch sieht man Schafe auf der Flur
und Schäfer, die sie hüten.
Ein leises Lied erklingt im Tal:
Der müde Wandrer singt es.
Ein süßer Duft ist überall,
bloß hier im Zimmer stinkt es!

Heinz Erhardt

Wenn die Schnecke auf Urlaub geht

„Ich kann das Kofferschleppen nicht leiden,
ich packe nicht gerne ein und aus",
sagte die kleine Schnecke bescheiden
und verreiste gleich mit dem ganzen Haus.

Christine Busta

Ferien

In meinen Sommerferien,
da fahr ich nach Siberien.

Ach nein, ich fahr ja nach Sibirien
in meinen Sommerfirien.

Und du fährst nach Italien
in deinen Sommerfalien?

Uwe-Michael Gutzschhahn

Auf keinen Fall will ich ins All!

Ich wollte, ich wär'
am Südpol im Meer.
Meine Freundin Desiree
will nach Norden in den Schnee.
5 Und ihr großer Bruder Bert
Richtung Westen mit dem Pferd.
Meine Freunde Lutz und Lars
möchten nun mit mir zum Mars.
Leider ist das Flugzeug Schrott
10 und das Raumschiff ist nicht flott.
Außerdem rät Papa ab,
auf dem Mars ist Wasser knapp.
Und zum Glück hat mein Freund Klaus
hier das Meer direkt vorm Haus. ◇

Text und Bild: Nadia Budde

Mit **Geschichten** kannst du
im Kopf verreisen.

Wenn du eine Geschichte liest, geht deine Fantasie
auf eine Reise. Du kannst dir Orte vorstellen,
an denen du noch nie gewesen bist.

Du triffst Menschen,

5 die dir ähnlich sind,

oder ganz andere Wesen.

Das Mittelalter wird in einer Rittergeschichte
lebendig. In einer Feriengeschichte
lernst du eine unbekannte Sprache.

Sprott

10 Manche Geschichten bringen dich zum Lachen,
weil etwas Lustiges passiert.
In anderen Geschichten erfährst du, wie Kinder
mit schwierigen Situationen umgehen können.

Wenn der Anfang einer Geschichte spannend ist,

15 will jedes Kind wissen,
wie es weitergeht.

Als Gregor
eines Morgens
aufwacht, ist er
ein riesengroßer
Käfer.

Achte auf Ollis Buchtipps!

Wenn dir eine Geschichte gut gefällt,
suche in der Bibliothek, ob es das Buch gibt.
20 Dann kannst du die ganze Geschichte lesen.

Tauscht eure Tipps für gute Bücher untereinander aus.
Welches Kind hat einen ähnlichen Geschmack wie du?
Welche anderen Bücher könnten dir noch gefallen?

Finde heraus, was du magst.

Oberstress mit Unterhose

Der Schwimmunterricht war gerade zu Ende.
Rocco war dabei, sich umzuziehen.
Seine Sachen lagen überall auf dem Boden
der Umkleidekabine verstreut.
5 „Hä! Hä! Ich sehe deine Unterhose!",
johlte eine laute Stimme.
„Rocco hat eine hellblaue
Unterhose an!"
Rocco sah nach oben.
10 Zwei fies funkelnde Augen
guckten über die Trennwand
zu ihm herunter.
Es war Nick, sein Erzfeind.

„Du bist immer der Letzte."
15 Nick grinste.
Rocco kniff die Augen zusammen.
„Wetten, dass ich mich viel schneller
umziehe als du?"
„Okay", meinte Nick. „Dann wetten wir. Wer zuletzt
20 im Bus ist, kommt morgen in Unterhosen zur Schule."
Roccos Kinnlade klappte herunter.
„Was ist? Hast du Angst, du verlierst?", ärgerte Nick ihn.
Rocco starrte ihn an. „Ich doch nicht!"
„Okay, dann schlag ein!", sagte Nick.
25 Die beiden gaben sich die Hand. „Los geht's!"

Der Bus wartete auf dem Parkplatz.
Rocco stürzte kopfüber
zur Tür hinein und schwang sich
auf den nächstbesten Sitzplatz.

30 „Wo warst du denn so lange?",
johlte eine höhnische Stimme.
Rocco schnappte nach Luft.
Das konnte doch nicht wahr sein!
„Du hast verloren", Nick grinste gemein.

35 „Ich freu mich ja schon so, wenn du
morgen zur Schule kommst."

Am nächsten Morgen war der Schulhof völlig überfüllt.
Alle waren früher gekommen, um Roccos Auftritt
mitzuerleben. Rocco bog um die Ecke und trat durch

40 das Tor. Nick starrte ihn ungläubig an. Rocco war
angezogen wie immer. Er trug Pullover und Jeans.
Nick marschierte zu ihm hinüber.
„Wir haben gewettet!", fauchte er. „Du Feigling!
Du solltest in Unterhosen zur Schule kommen!"

45 Rocco zuckte die Achseln:
„Hab ich doch gemacht. Ich hab welche an.
Unter meinen Jeans. Ziehst du nie eine Unterhose
unter deinen Hosen an?" ◇

Text: Alan MacDonald, Bilder: David Roberts

Rocco hat eine Menge
verrückter Ideen.

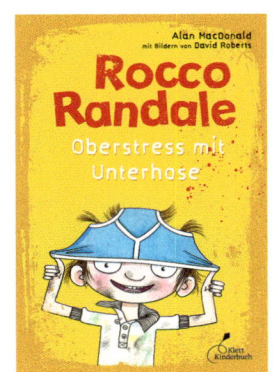

Alan MacDonald
mit Bildern von David Roberts

**Rocco
Randale**

Oberstress mit
Unterhose

Klett
Kinderbuch

Sonntag, Montag, Sternentag

Nora ist Erfinderin. Ihr Freund Ben ist Experte für Sterne und das Weltall. Darüber soll er in zwei Tagen ein Referat halten, doch Ben hat Angst. Am Sonntag hat Nora eine Idee.

Am Montag hatte ich mich mit Ben vor dem Supermarkt
5 verabredet. Gemeinsam gingen wir hinein.

Kurze Zeit später standen Ben und ich
wieder auf der Straße. Jeder von uns schob
einen Einkaufswagen. Ganz vorsichtig, weil sie
mit Kartons beladen waren. Leeren Kartons,
10 die wir vom Supermarkt bekommen hatten.
Insgesamt dreißig. Die brauchten wir für
meine Erfindung. Und dann machten wir uns
an die Arbeit.

Am Dienstagmorgen brachten wir alle Kartons
15 in Bens Klasse. Seine Hände zitterten und
er war blass.
„Ich kann das nicht", flüsterte er mir zu.
„Natürlich kannst du das!", sagte ich.
Er schüttelte den Kopf.
20 „Es fühlt sich an, als wäre ich ein Wackelpudding."
„Denk an meine Erfindung", sagte ich leise.
„Du musst keine Angst haben. Niemand
sieht dich an. Nur die Sterne, und die
haben keine Augen."

25 Ben stand vor der Klasse. Er räusperte sich.
Dann schaute Ben zu mir. Ich holte tief Luft.
Ganz auffällig, damit er es sehen konnte.
Und dann tat er dasselbe. Er holte ganz tief
Luft, und dann fing er an zu reden.
30 „Ich werde etwas über … die Sterne erzählen.
Vor euch auf dem Tisch … da steht ein
Sterngucker. Den müsst ihr euch aufsetzen."

Die Kinder schauten erstaunt von Ben zu ihren Kartons.
Ich hielt auch einen Karton in der Hand. Ohne etwas zu sagen,
35 zog ich mir den Karton über den Kopf. Sofort war es ganz dunkel.
Stockdunkel, bis auf sieben Punkte in Form eines Wagens.
Sieben Löcher, die wir in den Karton gestochen hatten.
Alle Kinder hatten einen Karton auf dem Kopf. Sogar die Lehrerin.
Es gab keine Augen mehr, nur noch Sterne.

40 Kerzengerade stand Ben vor der Klasse mit den dreißig Kartons.
„Was ihr jetzt seht", sagte er, „ist der Große Wagen."
Seine Stimme zitterte nicht mehr.
„Die sieben Sterne stehen in Form eines Wagens am Himmel.
Nachts kann man sie sehen. Und wenn ihr den Karton einfach
45 aufbehaltet, bis mein Referat vorbei ist … Dann erkennt ihr
die Form des Großen Wagens ab jetzt für immer."

Jetzt, da es keine Augen mehr gab, konnte Ben erzählen
wie ein Weltmeister. Er erklärte, warum der Mond Pickel hat.
Er erzählte von den Planeten. Und dass wir immer die Sterne
50 von früher sehen. Am Ende klatschten alle total laut. ◇

Anna Woltz

Finn macht es anders

Als ich um zwanzig vor acht durch das Tor des Schulhofs ging,
sah ich schon an der Art, wie sie zusammenstanden, dass es
gleich losgehen würde.
„Na, Finn, was hat dir deine Mutter heute als Pausenbrot mitgegeben?"
5 Sven kam auf mich zu und schubste mich in Richtung Fahrradständer.
Paul rempelte mich an.
„Leckeres gesundes Ökobrötchen für unseren Finni?" Er grinste.
„Wenn du uns dein Brötchen gibst, lassen wir dich durch", erklärte Max.
Mein Herz klopfte. Ich schwitzte. Mir war schwindelig.

10 Ich versuchte so zu tun, als wäre es
das Normalste auf der Welt, den Ranzen
abzunehmen und die Frühstücksdose
herauszuholen. Sven riss sie mir
aus der Hand und öffnete sie.
15 „Ihh, was für ein Fraß ist das denn?"
Sven warf angewidert das Brötchen zu Boden. In dem Moment
klingelte es. Meine Erlösung. Max, Sven und Paul trampelten
nacheinander über mein Brötchen. Dann rannten sie ins Klassenzimmer.
Ich folgte mit hängendem Kopf.
20 „Wann kommst du endlich mal wieder pünktlich?", seufzte Frau Mayer.

Nach der Pause wurde die Klassenzimmertür aufgerissen.
Frau Mayer kam durch die Tür, gefolgt von einer Polizistin und
einem Polizisten. Zwischen ihnen ging ein Mann. Sein Gesicht
war hochrot. Er deutete auf Sven, Max und Paul.
25 „Das sind sie! Die haben mir vorhin mein Auto zerkratzt!"
Man konnte den Jungs ansehen, wie ihnen der Schreck in die Glieder fuhr.

„Aufstehen!"

Sven, Paul und Max erhoben sich. Ihre Gesichter waren kalkweiß.

Unsicher traten sie von einem Fuß auf den anderen.

30 „Ich … ich … ich war's nicht", stammelte Max.

„Ich auch nicht!", beeilte sich Paul zu sagen.

Sven presste die Lippen aufeinander.

Der Polizist räusperte sich:

„Heute Vormittag um Viertel vor acht haben

35 diese drei Schüler Ihr Auto zerkratzt?

Sie erkennen sie wieder?"

Der Mann mit dem roten Kopf nickte heftig.

Die Polizistin straffte die Schultern.

„Nun, dann werden wir euch drei mit zur Wache nehmen und

40 ein Protokoll anfertigen. Außerdem werden eure Eltern benachrichtigt,

dass sie euch dort abholen können."

Ich wusste, dass nun alles an mir hing. Meine Zeit war gekommen.

Jetzt konnte ich Rache nehmen. Sven, Paul und Max würden endlich bestraft

werden. Blitzschnell durchdachte ich alles. Dabei fiel mir

45 etwas viel Besseres ein.

„Die drei können es nicht gewesen sein", erklärte ich mit fester Stimme.

„Wieso nicht?" Frau Mayer war verwirrt.

„Um Viertel vor acht standen wir an den Fahrradständern. Erst als

es zur ersten Stunde klingelte, gingen wir ins Klassenzimmer."

50 „Das kannst du bezeugen?", fragte der Polizist.

„Ja. Und ein Beweisstück gibt es auch. Es liegt wahrscheinlich noch

bei den Fahrradständern. Mein Pausenbrot. Das ist mir nämlich

runtergefallen." ◇

Andrea Liebers

Plötzlich Käfer

Als Gregor eines Morgens aufwacht,
ist er ein riesengroßer Käfer.
Er starrt in den Spiegel an seiner Zimmertür.
Er hat einen großen rotbraunen Käferleib.
5 Er hat zwei große dunkle Käferaugen.
Er hat zwei lange Käferfühler.
Und sechs lange, dünne, haarige Käferbeine.

Gregor kann sich nicht erinnern, dass ihm
so etwas schon mal passiert ist.

10 Gregor trippelt eilig ins Bad.
Gregor schaut in den Spiegel über dem Waschbecken.
Er ist immer noch ein Käfer. Mit großen scharfen Fangzähnen.

Gregor hat noch nie einen Käfer in Kleidern gesehen.
Er wühlt in seiner Kommode herum und holt ein weites Hemd
15 heraus und eine Hose mit Gummiband. Die Hose anzuziehen ist
nicht besonders schwierig, aber das Hemd hat nur zwei Ärmel.
Gregor schneidet zwei Löcher in das Hemd für seine beiden
neuen Arme. Oder sind es Beine?

Gregor hopst ein bisschen zu schnell
20 die Treppe hinunter und macht dabei
zwei Saltos rückwärts und drei vorwärts.

Niemand schaut auf,
als Gregor in die Küche kommt. ◇

Lawrence David

Ich bin ein
Käfer!!!

Ungeheuerlich

Hallo! Ich bin Freddie. Ich sehe aus wie ein Mensch.
Das ist ganz schön blöd. Aber es hat auch Vorteile.
Wir wohnen nämlich seit Kurzem in einer Menschenstadt.
Wir mussten umziehen, weil unser altes Haus explodiert ist.

5 Heute war mein erster Tag in der Menschenschule.
Warum ich da hinmuss, weiß ich eigentlich nicht.
Ich kann doch schon alles. Ich kann Purzelbäume.
Sogar bergauf. Ich kann auf die höchsten Bäume
klettern. Sogar rückwärts. Ich kann sehr laut pfeifen.
10 Aus beiden Ohren und aus der Nase – gleichzeitig.

In der Pause haben ein paar Kinder auf dem Schulhof
Fangen gespielt, aber die konnten das gar nicht richtig.
Wenn einer den anderen gefangen hat, hat er ihn nicht
auf den nächsten Baum geworfen.

15 Beim Rechnen hat die Lehrerin gefragt, was zwei plus zwei ist.
„Rüdiger!", habe ich ganz laut gerufen, weil es stimmt. Rüdiger ist
mein Cousin. Er hat zwei Köpfe vorne und zwei Köpfe hinten.
Aber das war wohl nicht die richtige Antwort.

Jetzt muss ich erst mal schlafen.
20 Das ist das Blöde an der Schule: Man muss so früh aufstehen.
Das macht überhaupt keinen Spaß. Ich frage die Lehrerin
gleich morgen, ob wir nicht später anfangen können. Da freut
sie sich bestimmt. Sie sah nämlich sehr müde aus heute.
Gute Nacht! ◇

Jochen Till

Du bist ich und ich bin du

Ich bin nicht so verrückt nach Spiegeln. Aber da er schon mal
hier hängt, kann ich ihn auch ebenso gut benutzen. Zum Beispiel,
um Grimassen zu schneiden!

Ich habe neulich im Radio gehört, dass man vom Lachen
5 automatisch gute Laune bekommt. Ganz egal, ob einen jemand
anderes zum Lachen bringt oder man einfach vor sich hin kichert,
angeblich funktioniert es immer.
Ich reiße Augen und Mund weit auf und rümpfe dabei die Nase.
Voll schräg. So langsam macht es Spaß, dieses Grimassenschneiden.
10 Ich ziehe die verrücktesten Gesichter und kann mich gar nicht mehr
beruhigen. Irgendwann laufen mir vor lauter Lachen sogar Tränen
übers Gesicht!

Plötzlich höre ich ein seltsames Geräusch. Klingt fast wie ein Niesen.
Ich öffne die Tür und sehe nach, ob Oma draußen steht. Aber nein,
15 dort ist niemand. Seltsam, schließlich bin ich allein hier drinnen.
Beim dritten Mal sehe ich, wer geniest hat: Ich bin es selbst!
Genauer gesagt: mein Spiegelbild. Aber wie kann das sein?
Ich meine, man spürt doch, wenn man niest. Das ist wie
ein mittelstarker Orkan in der Nase. In meiner Nase dagegen
20 hat es nicht mal gekitzelt. Da ist doch was faul.

Wie kann ich im Spiegel etwas anderes machen als in Wirklichkeit?
Ist er etwa verhext? Ich zwicke mich selbst in den Arm,
um zu checken, ob ich vielleicht träume. Autsch!
Eindeutig – ich bin hellwach.

25 Jetzt muss ich der Sache auf den Grund gehen. Deshalb
versuche ich, mich kein bisschen zu bewegen und nicht einmal
zu blinzeln, während ich mich im Spiegel anstarre. War das
eben etwa ein Zucken um die Mundwinkel? Aber ich habe
überhaupt nicht gezuckt oder etwa doch?

30 Okay, das mit dem Nichtbewegen ist komplizierter, als ich dachte.
Versuchen wir es andersherum: Zum Test fange ich an zu blinzeln.
Mein Spiegelbild blinzelt ebenfalls. Aber als ich dann die Augen
etwas länger schließe und sie urplötzlich wieder öffne, ist es eindeutig:
Der Silas im Spiegel ist mindestens eine Viertelsekunde später dran!

35 „Das ist doch Zauberei!", rufe ich aus.

„Nein", erwidert mein Gegenüber und seufzt. „Du hast mich ertappt.
Ich bin dein Spiegelbill. Bill wie *Begleiter in allen Lebenslagen*.
Der coolste Job der Welt! Mein Name ist übrigens auch ziemlich
cool: Ich heiße nämlich Salis."

40 „Willst du mit mir tauschen?", entfährt es mir.
„Jederzeit!", erwidert Salis.
Ich erschrecke. Dass mein Spiegelbill mich sofort beim Wort nimmt,
hätte ich nicht gedacht.
„Schwörst du mir, dass wir auch wieder zurücktauschen?", frage ich.

45 „Großes Spiegelbill-Ehrenwort!", verspricht Salis.
„So ein Tausch dauert allerhöchstens
vierundzwanzig Stunden, länger
funktioniert das sowieso nicht.
Los, wir üben das mal."

50 Und schon geht's los: Salis kratzt sich am Kopf. Ich mache
es ihm nach. Dann nickt Salis, zuckt mit den Schultern,
rümpft die Nase, runzelt die Stirn, lacht laut auf und
wackelt mit den Ohren. Ich komme kaum hinterher.
Dann muss Salis mir noch erklären, was die wichtigste Aufgabe
55 eines Spiegelbills ist:
„Wir ahmen nicht zu hundert Prozent nach, sondern nur
zu neunundneunzig Prozent. Damit bleibt uns ein Prozent
Spielraum für gute Stimmung."
„Das kapiere ich nicht", muss ich zugeben.
60 „Wenn du traurig bist und ich meine Mundwinkel ein winziges
bisschen zu einem Lächeln hochziehe, dann geht es dir gleich
besser", erklärt Salis. „Und wenn du dich unsicher fühlst, dann
halte ich mich ein klein wenig gerader, und schon lässt du dich
nicht mehr so hängen. Wir Spiegelbills sind dazu da, die Welt
65 fröhlicher zu machen. So, und jetzt ist Zeit für den Tausch!"

Salis erklärt mir, was ich tun muss:
„Lege deine linke Hand so auf den Spiegel,
dass sie mein Gesicht bedeckt. Und deine
rechte so, dass sie meine linke berührt.

> Achtung, Buchtipp!

70 Jetzt schließ die Augen und sag
gemeinsam mit mir:
Du bist ich und ich bin du."
Mein Herz pocht.
„Auf drei!", kommandiert Salis.
75 „Eins – zwei – drei!"
„Du bist ich und ich bin du." ◇

Heike Abidi

> Mir hat das Buch gut gefallen.
> Salis traut sich viel mehr als Silas.
> Das bringt Silas ganz schön
> in Schwierigkeiten.

Traumberuf Ritter

Hartbert von der Aue blies den Dudelsack und sang.
So oft es ging, saß Floretta neben ihm. Die Ritter,
von denen Hartbert sang, kämpften gegen Drachen,
Ungeheuer, Räuber und böse Könige. Sie zogen
5 ständig umher, auf der Suche nach Abenteuern.
„Wäre ich doch auch ein Ritter", dachte Floretta.
Ein Rittermädchen. Ritter durften alles.
„Ich muss nur noch wissen, was ich brauche,
um eines zu sein."

10 „Allerliebster Ritterpapa", fragte sie,
„was braucht ein Ritter, um ein Ritter zu werden?"
Ihr Vater überlegte nicht lang.
„Tapferkeit!", rief er aus. „Große Tapferkeit! Deswegen
trägt er ja auch eine Rüstung, damit er seine Tapferkeit
15 überall zeigen kann!"
„Warum trägst du dann keine?", fragte Floretta weiter.
„Du bist doch auch ein Ritter oder etwa nicht?"
„In Ausnahmefällen kann ein Ritter auch ohne Rüstung
tapfer sein! Ohne Rüstung ist er sogar besonders tapfer,
20 denn ohne Rüstung ist das Leben ja doppelt gefährlich!"
Floretta nickte, denn das leuchtete ihr ein.
„Ein Pferd braucht ein Ritter natürlich auch",
fuhr ihr Vater fort. „Ein Ritter muss reiten, sonst ist er
kein Ritter! Ein Pferd habe ich übrigens, woran du
25 sehen kannst, dass bei mir alles in Ordnung ist!" ◇

Matthias Morgenroth

Gauklerei

Immer wenn die Gaukler an einem Markttag in die kleine Stadt
kamen, machten sich auch der kleine Ritter Trenk und
seine Freundin Thekla dorthin auf den Weg.

Wie immer an den Markttagen, herrschte in der Stadt ein
5 wunderbar fröhlicher Lärm, der war eine Freude für die Ohren.
Nur für die Nase gab es leider nichts zum Freuen.
Denn sie hatten ja noch keine Müllabfuhr damals und nicht mal
Abflussrohre, und die Menschen mussten allen Unrat einfach
aus dem Fenster auf die Straße kippen. Darum waren Trenk und
10 Thekla auch ziemlich vorsichtig, als sie zum Marktplatz gingen,
denn wenn plötzlich eine Schüssel Spülwasser oder sogar der
Inhalt eines Nachttopfes über ihnen ausgeschüttet worden wäre,
wäre das ja nicht so schön gewesen.

Zum Glück kamen die Kinder trocken bis zum Marktplatz,
15 auf dem es drängelig und wuselig zuging. Gerade zog
Schnöps einem Steinmetz ein Radieschen aus dem Ohr.
„Nein wirklich, Herr Steinmetz!", rief er und hielt empört
das Radieschen in die Luft, damit auch jeder es sehen konnte.
„Ich weiß, bei Eurer Arbeit wird man staubig! Aber müsst Ihr
20 es erst so weit kommen lassen, dass in all dem Schmutz
in Euren Ohren schon die Radieschen wachsen?"
Da starrte der Steinmetz ihn erschrocken an und griff sich
an die Ohren. Aber das Radieschen war ja nun geerntet,
und da war nichts mehr zu finden.

25 All die anderen Leute schlugen sich vor Lachen auf die Schenkel
und brüllten „Mehr!", und da zauberte Schnöps schnell auch noch
einem kleinen Jungen eine Haselnuss aus dem Ohr.
„Schäm dich, Bengel!", rief er und gab dem Jungen die Haselnuss,
damit der sie essen konnte. Nüsse waren damals die leckerste
30 Süßigkeit, die Kinder sich vorstellen konnten.
„Sagt deine Mutter dir nicht jeden Morgen, dass du dir die Ohren
waschen sollst? Und nun wachsen schon Haselnüsse darin!"
Da packte die Mutter ihren Jungen am Arm und schimpfte.
Und all die anderen Mütter guckten ganz erschrocken
35 ihren Kindern in die Ohren, ob sie da vielleicht auch schon Obst
oder Gemüse entdecken könnten. In der finsteren Ritterzeit gab es
tatsächlich viele Kinder, die sich selten die Ohren wuschen.
Das ist ja heute zum Glück ganz anders.

Da winkte Momme Mumm ihnen plötzlich aufgeregt zu.
40 Eigentlich hätte er jetzt mit Äpfeln jonglieren und danach
Feuer spucken sollen, aber nun hatte Momme Mumm
seine Freunde entdeckt.
Bevor du dich wunderst, dass er aussah wie ein Mädchen,
weil er wie immer ein Schürzenkleid trug und auf dem Kopf
45 eine Zopfperücke, erkläre ich dir lieber schnell warum:
In den Theaterstücken, die die Gaukler aufführten,
spielte er die Damenrollen. Weil Mädchen damals
nämlich nicht nur keine Ritter werden durften,
sondern auch nicht Theater spielen,
50 so ungerecht war das in der Ritterzeit. ◇

Text: Kirsten Boie, Bilder: Barbara Scholz

Wenzels größter Wunsch

„Ich kann nicht mehr", stöhnte Ulle. „Ist es noch weit bis
zum Kloster?" Er klapperte vor Kälte mit den Zähnen.
„Wir sind bestimmt bald da", log Wenzel. Ulle war ja noch klein,
bestimmt ein ganzes Jahr jünger als er. Deshalb hatte Wenzel
5 ihm auch nur das Reisig aufgeladen und er selbst schleppte
die schweren Äste.
Er war so wütend auf Bruder Herwig! Wieso ging der nicht
selbst in den Wald? Der war doch dreimal so stark wie Ulle.
Aber Bruder Herwig saß jetzt gemütlich neben dem Herd
10 in der Klosterküche und wartete darauf, dass Ulle und er
das Holz für den Kamin anschleppten. Und weil sie so spät
kamen, würde er rummeckern und ihnen bestimmt eine kleben.

Ulle war jetzt nicht mehr zu stoppen. Vielleicht rannte er so,
weil er Hunger hatte. Sie hatten ja seit dem Frühstück nichts mehr
15 zu essen gehabt. Und der Haferschleim, den es jeden Morgen gab,
war wie immer mehr Wasser als Brei gewesen. Bruder Herwig
war nicht nur faul, sondern auch ein Geizhals.

Wenzel wischte sich mit dem Ärmel seiner zerlumpten Jacke
den Regen aus den Augen und seufzte wieder tief. Das Unwetter
20 würde sich wieder verziehen. Der verdammte Hunger aber,
der würde bleiben. Er konnte sich nicht erinnern, auch nur
ein einziges Mal im Leben richtig satt gewesen zu sein.
Keine Ahnung, wie sich das anfühlte.

Als sie vom Wald auf die Landstraße traten, tauchte das Kloster
25 vor ihnen auf. In Wenzel grummelte es gewaltig. Seitdem ihn
jemand als Baby vorm Klostertor abgelegt hatte, war das Gemäuer
sein Zuhause. Aber er hasste das Kloster. Ulle und er mussten
von morgens bis abends schuften, um sich ihr mickeriges Essen
zu verdienen. Und dann sollten sie auch noch dankbar sein, dass sie
30 sich einen mäusezerfressenen Strohsack im Schlafsaal teilen durften.

Genauso wie Ulle gehörte Wenzel dem Abt.
Einmal hatten Ulle und er das Haus des Abtes von innen gesehen.
Das Empfangszimmer hatte geglänzt vor lauter Gold, und ein schöner
weicher Teppich hatte auf dem Boden gelegen. Das Tollste aber war
35 die Bibliothek gewesen. Sie hatten die Bücher abstauben müssen,
weil sich keiner der Mönche auf die hohe Leiter traute.
Heimlich hatte Wenzel eines der Bücher herausgezogen und
die geheimnisvollen Zeichen darin angeschaut. Buchstaben …

Zum Glück hatte es aufgehört zu regnen. Dafür erwischte sie
40 hier auf der Landstraße der Wind heftiger als im Wald.
Auf einmal kam es Wenzel vor, als ob das Holz auf seinen Schultern
eine halbe Tonne wog. Wie sollte er das nur den Hügel hinaufschleppen?
Seine Füße waren blutig und halb erfroren. Und die Finger spürte er
gar nicht mehr vor Kälte.
45 „Ich schwör dir, Ulle", murmelte Wenzel. „Das mach ich nicht
noch mal mit. Ich gehe nicht zurück ins Kloster. Nie wieder!"
„Aber das dürfen wir nicht", sagte Ulle. „Wir gehören doch dem Abt.
Wir sind doch sein Eigentum."

Da! Eine Sternschnuppe huschte über den Himmel.
50 Wenzel musste sich schnell etwas wünschen! Das Größte, das Tollste,
was er sich denken konnte. Eine ganze Vorratskammer voller Schinken
und Würste? Eine Ritterrüstung?
Plötzlich wusste er, was er sich am meisten wünschte.
Er wollte begreifen, wie es zuging auf der Welt.
55 Warum es Gut und Böse gab, Arme und Reiche.
Wohin die Sonne verschwand, wenn sie am Abend unterging.
Er wollte die vielen klugen Bücher lesen können, in denen
die ganze große Welt beschrieben wurde.
Ja, er wollte die geheimnisvollen Buchstaben kennenlernen.
60 Das war sein allergrößter Wunsch. ◇

Cornelia Franz

Endlich wieder zelten!

Ferien!
Zelten am Meer ist toll. Das Problem ist nur,
dass das Meer nicht um die Ecke liegt.
Die größte Herausforderung liegt aber darin,
5 nach zehn Stunden Autofahrt das Zelt aufzubauen.

Das Tolle am Zelten ist, dass
ich viel mehr darf als zu Hause.
Ich stehe auf, wann ich will,
gehe ganz alleine einkaufen
10 und mache Frühstück.

Dann wird es höchste Zeit,
sich auf die Suche nach
den anderen Kindern zu machen.
Auf dem Zeltplatz, am Strand
15 und in den Dünen.

Zelten ist für mich das Allergrößte.
Weil Zelten nie langweilig ist und
wegen der vielen, vielen Sternschnuppen! ◇

Text und Bilder: Philip Waechter

Der Sprung

Heute prasselte der Regen nur so aufs Wasser.
Ein guter Augenblick, um mit meinen Sprüngen
weiterzumachen. Nach dem Dreier war jetzt
der Fünfer dran. Ich machte das am besten sofort,
5 denn wir waren immer noch fast allein hier.
Nur ein paar Omas kamen über die Wiese gelaufen.
Ich kletterte also die Leiter hoch. Auf dem Fünfer
oben war es noch schlimmer als auf dem Dreier.
Ich guckte nach unten. Mann, wie tief das war!
10 Ich wollte schon wieder runter. Aber da rief jemand:
„Nur Mut, junger Mann!" Es war eine der Omas.
„Du wirst doch keinen Schiss haben, oder?"
„Runter kommst du auf jeden Fall",
rief eine andere Oma. „Nun mach schon."
15 „Mach doch selber, Omi!", rief ich ihr zu.
Sie lächelte mich an. „Okay, wenn du mich
so nett bittest, mach ich das gern", rief sie.
Sie kletterte den Turm hoch, bis zu mir nach oben.
Jetzt stand sie neben mir.
20 „Das haben wir gleich", sagte sie. Sie stellte sich
an den Rand und hob die Arme nach oben. Dann
streckte sie sich und sprang. Sie machte einen
absolut perfekten Köpper! Sie kam pfeilgerade auf.
Das Wasser spritzte fast kein bisschen, so glatt
25 tauchte sie ein. Die anderen Omas klatschten.
Ich nicht. Ich stand immer noch da oben und sah,
wie die Oma mir zuwinkte.
„Los!", rief sie. „Lass dich fallen!" ◇

Will Gmehling

Sprachbaden

Im August fuhren wir von Paris nach Deutschland.
Um Deutsch zu lernen.
Auf dem Campingplatz erklärte mir mein Vater,
wie mein Bad in der Fremdsprache vor sich zu gehen hatte:
5 „Du wirst einen deutschen Jungen in deinem Alter kennenlernen.
Ihr werdet zusammen spielen, er wird Deutsch mit dir sprechen,
du wiederholst die Wörter und der Rest kommt von alleine."

Ich zuckte mit den Schultern, gab meinem Ball einen Tritt und
bewegte mich in Richtung Nachbarzelt. Der Junge schien auf mich
10 gewartet zu haben, die Hände in die Hüfte gestemmt. Ich schoss.
Er hielt den Ball, ohne Anstrengung. Das Spiel begann.
Nach zehn Minuten hatte ich vergessen, dass ich eigentlich
in einer Fremdsprache baden sollte – und hatte großen Spaß.
Der blonde Junge schlug sich mit der Faust auf die Brust und rief:
15 „Nickless!" oder so ähnlich.
Ich begriff, dass er sich vorstellte. Also schlug ich mir
auch auf die Brust und rief zum Spaß:
„Ich, Tarzan!"
Mein neuer Freund war ein ernsthafter Junge.
20 Er wiederholte: „Ichtazan!"
Er hatte wohl ebenfalls vor, in einer Fremdsprache zu baden.

Mein Freund Nickless pflückte eine Blume und sagte etwas,
was sich wie „flowör" anhörte. Ich sprach es nach, aus Höflichkeit.
Dann machte er ein Zeichen mit der Hand, dass ich das Wort
25 für Blume in meiner Sprache sagen sollte. Ich fand es langweilig,
eine Blume „Blume" zu nennen, also sagte ich: „Sprott!"
Nickless wiederholte: „Sprott!"

Ich kam in Fahrt und deutete auf einen Baum: „Traboim!"

„Traboim", sagte Nickless.

30 Ich applaudierte. Dann zeigte ich auf unser Zelt:

„Schrappatt."

„Schrappatt", wiederholte Nickless brav.

Ich rannte zu unserem Zelt und rief: „Ichtazan Schrappatt ..."

Das bedeutete logischerweise, dass ich mich zum Sprung

35 in mein Zelt bereit machte. Nickless verstand mich genau.

Ich schnappte mir das unvermeidliche Ferienarbeitsheft und

füllte es mit meinem Wortschatz.

Einmal, in der Mittagszeit, hörte ich meine Mutter murren:

„So was Blödes. Keine Eier mehr da für die Mayonnaise."

40 Ich schlich zu unseren Nachbarn und überlegte fieberhaft,

wie ich ausdrücken sollte, dass ich ein Ei brauchte.

Als ich den Kopf durch die Zelttür steckte, begrüßte mich

die Mutter von Nickless auf „Französisch": „Holla-i!"

Da stürmte Nickless herein: „Holla-i, Ichtazan!"

45 Ich war erleichtert. Nickless war da.

Er und ich, wir sprachen dieselbe Sprache.

„Wruck", sagte ich.

Nickless drehte sich zu seiner Mutter und sagte etwas, was sich

anhörte wie „Anäg". Die Frau fragte mich per Handzeichen:

50 eins, zwei oder drei?

„Nu, dweuch, triosch?", fragte mich Nickless.

„Nu wruck", sagte ich.

Stolz kam ich mit einem Ei zurück. Mama gratulierte mir und

Papa hielt mir prompt einen Vortrag über den praktischen Nutzen

55 von Fremdsprachen. ◇

Marie-Aude Murail

Sachtexte
erklären dir die Welt.

Sachtexte beschreiben,

was Kinder in anderen
Ländern erleben.

Sachtexte regen an,

auch zum Nachdenken.

Sachtexte machen Lust,

Dinge anders zu betrachten.

Sachtexte erklären,

wie es früher war.

Sachtexte berichten,

was an fernen Orten passiert.

Sachtexte berichten von unglaublichen Rekorden
und nehmen auch sehr Kleines in den Blick.

Sachtexte haben manchmal gar nicht viele Sätze.
Die Informationen stecken in Tabellen, Steckbriefen,
Schaubildern oder Diagrammen.

Das sehen Ella und Finn
auf dem Schulweg in der Arktis

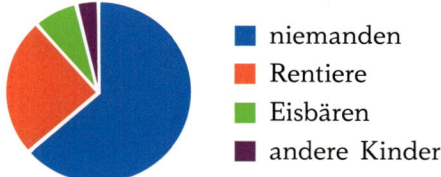

- niemanden
- Rentiere
- Eisbären
- andere Kinder

Mit Sachtexten kommst du
auf Ideen zum Selbermachen.

Nachrichten aus aller Welt

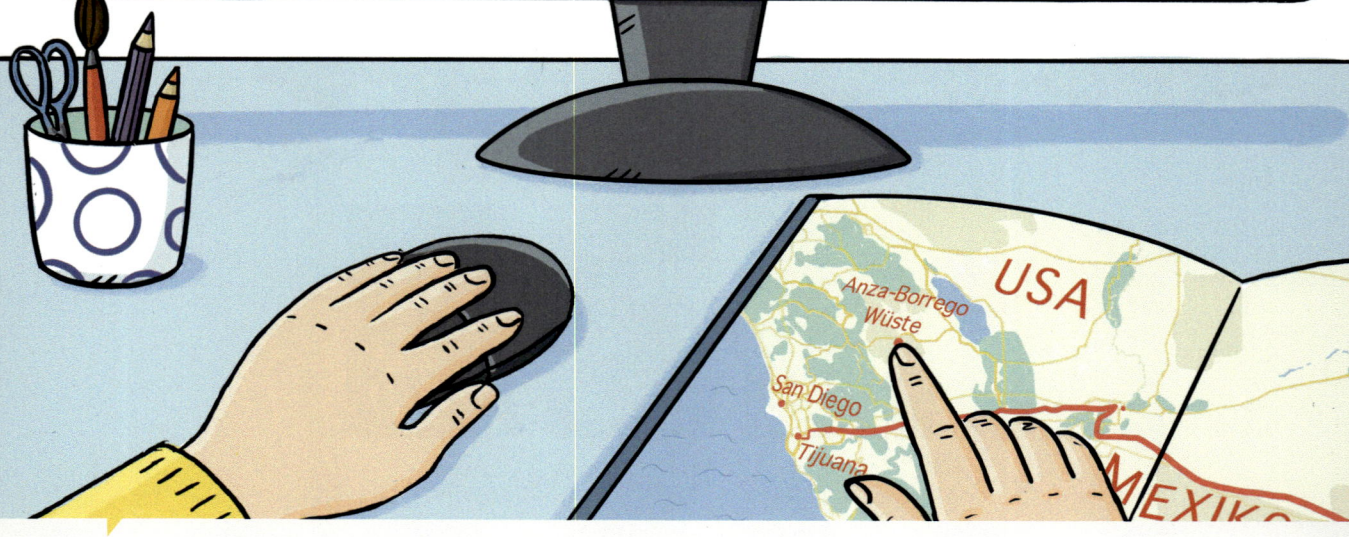

Datei Bearbeiten Ansicht Favoriten Extra

Nachrichten – Kinder ×

www.kinder-nachrichten-beispiel.de ★ Suchen

Alle wollen die Superblüte sehen

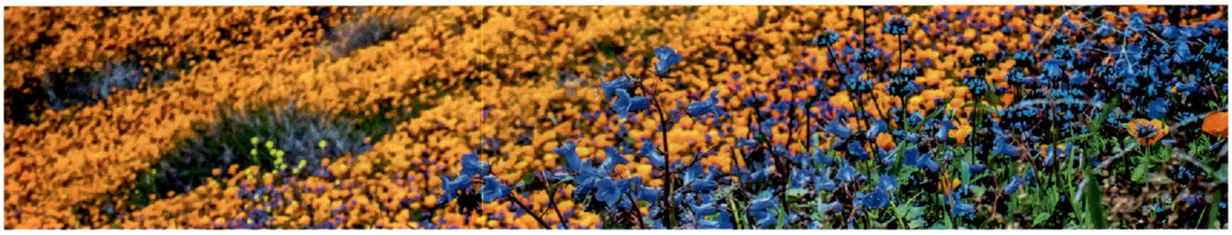

Die Anza-Borrego-Wüste in Kalifornien blüht!
Im Herbst hatte es im Südwesten der USA sehr viel geregnet. Der trockene Wüstenboden konnte mehr Wasser speichern als in anderen Jahren. Dadurch hat sich die sandfarbene Wüste in diesem Frühling verwandelt: Jetzt blühen hier überall gelbe, violette und orange Blumen. Dieses Ereignis wird auch „super bloom" – Superblüte – genannt. Sie lockt viele Besucher aus der ganzen Welt nach Kalifornien. Die Superblüte kommt nur alle paar Jahre vor und ist nach wenigen Wochen wieder vorbei.

Arbeitsheft LEICHT | BASIS, Seite 28

Coole Höhlenwohnungen

Gar nicht so leicht, einen kühlen Kopf zu bewahren,
wenn man in Tunesien in der Nähe der Sahara wohnt.
Es sei denn, man baut ein unterirdisches Haus und
schafft sich so ein kühles Plätzchen. Die Sahara
5 ist nämlich eine der heißesten Wüsten der Welt.

In der Nähe des großen Hügels,
links von der Palme, so findest du
den Weg zu unserem Höhlenhaus.
Von Weitem ist es kaum zu sehen.

10 Für das Haus wurde ein tiefes Loch
in den Boden gegraben. Der Platz
in der Mitte, das ist unser Innenhof.

In der Höhlenwohnung gibt es Zimmer
und Durchgänge. Die Gänge zwischen
15 den Zimmern sind gerade hoch genug,
sodass wir uns nicht den Kopf stoßen.

Die Nächte in der Wüste sind eisig kalt.
Trotzdem kühlen die Höhlenwohnungen
nicht aus, die Raumtemperatur bleibt
20 Tag und Nacht gleich.

Manche Höhlenhäuser in der Wüste
sind seit 700 Jahren bewohnt.

Unterirdische Dörfer wie das, in dem ich lebe, kannte kaum einer.
Sie wurden erst durch den Film „Star Wars" berühmt. ◇

Signe Torp

Auf Skiern zur Schule

Weit im Norden Europas liegt die Inselgruppe
Spitzbergen mit der Hauptstadt Longyearbyen.
Hier wohnt Svenja. Da die Stadt nicht sehr groß
ist, hat Svenja keinen weiten Weg zur Schule.

5 Aber selbst Ende August, wenn das Schuljahr
beginnt, muss sie sich schon warm anziehen.
Denn auch um diese Jahreszeit ist es kalt.

Svenja schnallt sich im Winter ihre Skier unter. Damit
geht es leichter voran. Auf dem Weg zur Schule stehen
10 ein paar Rentiere am Straßenrand, aber hoffentlich kein Eisbär.

Einige ihrer Mitschüler, die weiter außerhalb wohnen,
werden von den Eltern mit dem Motorschlitten gebracht.
Wenn Svenja älter ist, darf sie vielleicht mit dem Motorschlitten
ihres Vaters zur Schule fahren. Auch bei Schneestürmen und
15 eisiger Kälte wird die Schule nicht geschlossen. Hier ist man
an alle Wetterlagen gewöhnt, und die Räume sind gut geheizt.

Im Winter müssen die Menschen in Spitzbergen nicht nur
mit der Kälte, sondern auch mit der Dunkelheit zurechtkommen.
Denn dann geht die Sonne monatelang nicht auf, und es wird
20 auch mitten am Tag nie richtig hell. ◇

*Lena Schaffer und
Volker Mehnert*

Ohne Eis kein Eisbär

Eisbären sind so weiß wie die Welt, in der sie leben:
die Eisflächen der Arktis. Sie sind (neben den Kodiakbären)
die größten an Land lebenden Raubtiere. Ihre Lieblingsspeise
sind Ringelrobben, die sie vom Packeis aus jagen. Packeis
5 nennt man das Eis, das in großen Schollen dicht an dicht
auf dem Meer schwimmt.

Wenn eine Robbe zum Atmen aus dem Wasser auftaucht oder
sich auf dem Eis eine Pause gönnt, hat der gut getarnte Eisbär
Gelegenheit, sie zu erwischen. Im Wasser dagegen hat er kaum
10 eine Chance, denn dort schwimmen ihm die wendigen Robben
leicht davon.

Schrumpft das Packeis, schrumpft damit auch der Lebensraum
und das Jagdrevier der Eisbären.

Die Arktis erwärmt sich durch den Klimawandel viel schneller
15 als der Rest der Welt, und das Eis des Meeres schmilzt
in atemberaubender Geschwindigkeit. In den letzten 50 Jahren
ging das Packeis um drei Viertel zurück.
Keine guten Aussichten für Eisbären! ◇

Kristina Heldmann

Interview zum Umwelttag

Frido aus der 3a war beim Müllsammeln am Rhein dabei.
Für die Schülerzeitung haben Nura und Ben Frido dazu befragt.

Nura: Hallo Frido! Wie bist du dazu gekommen,
Müll am Rheinufer aufzusammeln?

Frido: Unsere Nachbarn haben mich mitgenommen. Es gibt
jedes Jahr an vielen Flüssen einen großen Sammeltag.

Ben: Brauchtest du dafür eine Ausrüstung?

Frido: Ich habe alte Handschuhe angezogen. Unsere Nachbarn
hatten Müllsäcke und Müllzangen dabei.

Nura: Was habt ihr alles am Ufer gefunden?

Frido: Papiermüll, Getränkedosen, Flaschen, Verpackungen
und Tüten, Spielzeugteile, Feuerzeuge, Zigarettenstummel.
In einem Gebüsch lag sogar ein altes Fahrrad.

Nura: Wie viel Müll habt ihr gesammelt?

Frido: Nach zwei Stunden hatten wir einen Sack mit Papiermüll,
sechs Säcke mit Plastikmüll und drei Säcke Restmüll.
Außerdem größere Blechteile und das Fahrrad.
Und in meiner Gruppe waren wir nur zu viert.

Ben: Was passierte dann mit dem ganzen Müll?

Frido: Die Säcke haben wir zur Mülldeponie gefahren.
Da wird der Müll getrennt entsorgt.

Nura: Kann jeder beim Sammeln mitmachen?

Frido: Ja! Es hat richtig Spaß gemacht, beim nächsten
Müllsammeltag bin ich auf jeden Fall wieder dabei!

Ben: Tolle Aktion! Vielen Dank für das Interview.

Kunst aus Kunststoff

> Måløy sprichst du wie Morlej aus.

Im Dezember wurde an einer Küste in Schottland ein Pottwal
angeschwemmt. In seinem Magen fanden Experten
rund 100 Kilogramm Plastikmüll! Der Wal, der eigentlich
in großen Tiefen Tintenfische jagt, war zum Müllschlucker geworden.
5 So ergeht es vielen Meerestieren: Fischen, Vögeln und Robben.

Auch dieser Pottwal hat Plastik im Bauch. Und dazu an den Flossen,
im Maul und am Kopf.
Denn das
Kunststofftier
10 ist das Kunstwerk
einer Schulklasse
in Måløy an der
norwegischen Westküste.
Die Mädchen und Jungen haben den Wal aus Plastikmüll
15 geschaffen, der von den Wellen angespült wurde.

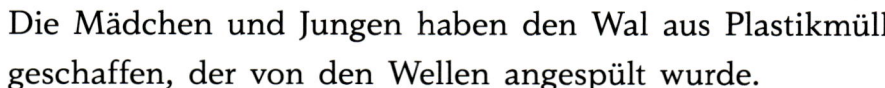

Das Ganze ist ein Kunstprojekt von zwei Künstlern aus Norwegen
für Schulklassen: Kari Prestgaard und Astor Andersen
werfen mit einem Projektor Bilder von Tieren auf den Boden.
Die Kinder suchen dann aus dem gewaschenen Plastikmüll
20 Teile aus, mit denen sie Gräten, Flossen, Schuppen, Maul
und Augen, Federn, Schnäbel, Beine und Füße auslegen.
Die Kunststofftiere werden fotografiert und der Plastikmüll
wird danach für neue Kunstwerke
verwendet. ◇

Barbara Lich

> **Werdet auch zu Kunststoff-Künstlern!**
> Schraubdeckel, Joghurtbecher, Shampooflasche:
> Wascht den Plastikmüll, der zu Hause im Müll
> landet. Gestaltet Fantasietiere und stellt sie aus.

Plastik: beliebt, aber tückisch

Plastik ist praktisch, denn es ist stabil, leicht und billig. Mit Plastik können wir unsere Lebensmittel verpacken. Spielzeuge und alle möglichen Gegenstände werden daraus
5 gemacht. Doch Plastik hat einen riesigen Nachteil: Es verrottet nicht. Plastikmüll findet man inzwischen überall: in der Landschaft, im Boden – aber vor allem im Meer.

Wie gelangt das Plastik ins Meer?

10 Das meiste Plastik, das im Meer schwimmt, ist Müll **vom Land**. Plastiktüten, Plastikflaschen, Verpackungen, leere Feuerzeuge, kaputte Eimer oder Flipflops. Alle möglichen Plastikteile treiben in riesigen Müllstrudeln
15 auf den Ozeanen.

In vielen Ländern der Erde funktioniert die Müllentsorgung nicht richtig. Dort wird der Müll zum Teil einfach auf große Haufen gekippt. Beim nächsten Windstoß fliegt
20 das Plastik durch die Gegend und landet in den Flüssen oder direkt im Meer. Selbst hier bei uns, wo der Müll eigentlich ordentlich entsorgt wird, landet viel Plastikmüll – aus Versehen oder absichtlich –
25 in der Umwelt und schließlich im Meer. Ein weiterer großer Teil des Plastikmülls kommt **aus der Schifffahrt**. Vor allem Fischernetze, die sich losgerissen haben, schwimmen im Meer.

30 Und dann ist da noch das **Mikroplastik**. Das sind winzige Plastikteilchen, die im Wasser umhertreiben und schließlich auf den Meeresgrund sinken. Sie entstehen, wenn größere Plastikteile mit der Zeit durch Meerwasser und Sonnenlicht kaputtgehen und zu immer kleineren Teilchen zerrieben
35 werden. Mikroplastik entsteht aber auch an Land: Es wird zum Beispiel beim Autofahren von den Reifen abgerieben oder beim Waschen aus unserer Kleidung herausgespült. Durch unser Abwasser gelangen diese winzigen Teilchen in die Gewässer und schließlich ins Meer.

40 **Welche Folgen hat das Plastik für die Natur?**
Größere Plastikteile, zum Beispiel Tüten und Fischernetze, sind **gefährlich für die Meerestiere**, weil sie sich darin verfangen können. Kleinere Teile werden von Fischen und Vögeln mit Nahrung verwechselt.
45 Die Vögel benutzen Plastikteile auch zum Nestbau und füttern sogar ihre Jungtiere damit.
Auch das Mikroplastik ist gefährlich: Es wird von winzigen Krebstierchen und anderen Kleintieren aufgenommen. Diese Lebewesen nennt man Plankton. Viele Meerestiere
50 fressen Plankton und damit das ungesunde Plastik. ◇

Viele Produkte gibt es auch **ohne Mikroplastik**!
Sieh dir beim Einkaufen die verschiedenen Produkte genau an. Welcher Hinweis steht auf der Verpackung? Wenn du ein Seifenstück statt flüssiger Seife nimmst, kannst du sogar ganz auf Plastik verzichten.

Mikroplastik ist kleiner als 5 Millimeter, also kleiner als dieser Fleck.

Kleine Helfer

Auf dem Waldboden leben viele kleine Tiere.
Sie zerkleinern das Laub, das von den Bäumen fällt.
Und davon gibt es im Herbst jede Menge. Du kannst
Tausende von Regenwürmern, Springschwänzen,
5 Schnurfüßern und Mauerasseln finden.
Sie zerknabbern das Laub und fressen daran.
Über den Rest machen sich Pilze und Bakterien her.
Zum Schluss wird aus den Blättern dank der kleinen
Helfer wieder Erde. Es ist die beste Erde, die sich
10 ein junger Baum zum Wachsen wünschen kann. ◇

Sixta Görtz

Name: Springschwanz
Größe: 0,3 bis 3 Millimeter,
        selten bis 9 Millimeter
Farbe: verschiedene Brauntöne

Name: Regenwurm
Größe: 12 bis 15 Zentimeter,
        selten bis 30 Zentimeter
Farbe: hellrosa bis braunrosa

Name: Mauerassel
Größe: 15 bis 18 Millimeter
Farbe: graubraun

Name: Schwarzer Schnurfüßer
Größe: 2 bis 5 Zentimeter
Farbe: schwarzbraun oder schwarz

Der Schnurfüßer ist
ein Tausendfüßer.

Sammelmeister und Sprungtalent

Wenn ein Eichhörnchen den Winter
überleben will, muss es im Herbst
Nüsse, Eicheln und Tannenzapfen
sammeln und verstecken. Am liebsten
5 nutzt es verlassene Vogelnester und
Baumhöhlen als Vorratskammer:
Doch da es nicht so viele verlassene
Nester gibt, versteckt das Eichhörnchen
die gesammelten Nüsse meistens
10 am Fuß großer Baumstämme.

Hoch oben in der Baumkrone baut das Eichhörnchen aus Zweigen
sein kugelförmiges Nest, das Kobel heißt. Den Boden polstert es
mit Moos und Vogelfedern. Damit es nicht hineinregnet, verkleidet
es die Wände mit Blättern. Hier verbringt das Eichhörnchen
15 die Nacht und die meiste Zeit des Winters, eingekuschelt
in seinen buschigen Schwanz.

Doch das Nest bietet ihm nicht genügend Schutz
vor seinem größten Feind, dem Baummarder. Nähert sich
ein Baummarder saust das Eichhörnchen blitzschnell
20 aus dem Nest und hinauf in die höchsten Baumwipfel.
Der Marder folgt ihm ebenso schnell. Um sich zu retten,
springt das Eichhörnchen aus Höhen von bis zu 25 Metern
hinunter auf den Boden und nutzt dabei seinen Schwanz
als Fallschirm. Das würde ein Marder nie tun – und deshalb
25 entkommt das Eichhörnchen. ◇

Bärbel Oftring

In dem Buch erfährst du
viel über Tiere und Pflanzen.

Zugvogel-Rekorde

Jedes Jahr im Herbst fliegen die Zugvögel in den Süden und im Frühling wieder zurück. Manche ziehen um die halbe Erde, andere nur bis zum Mittelmeer. Einige Vögel stellen Rekorde auf.

Lang – länger – am längsten: die Pfuhlschnepfe
11.000 Kilometer hat eine Pfuhlschnepfe in 9 Tagen geschafft, ohne ein einziges Mal Pause zu machen. Das haben Wissenschaftler herausgefunden, weil der Vogel auf dem Flug von Alaska nach Neuseeland einen Mini-Sender trug.

Klein – kleiner – am kleinsten: das Sommergoldhähnchen
Sommergoldhähnchen sind die kleinsten Zugvögel Europas. Mit nur 13 Zentimetern Flügelspannweite und 6 Gramm Körpergewicht fliegen sie jedes Jahr zum Mittelmeer und zurück. Ihre Verwandten, die Wintergoldhähnchen, sind keine Zugvögel. Sie heißen so, weil sie auch im Winter bei uns bleiben.

Hoch – höher – am höchsten: die Streifengans
Streifengänse sind die Zugvögel mit dem größten Hindernis auf ihrem Weg. Die Gänse brüten nämlich im Sommer in den Steppen der Mongolei, verbringen den Winter aber im warmen Indien. Zwischen den beiden Ländern liegt das höchste Gebirge der Welt, der Himalaja. Die Gänse schaffen es, bis in 6000 Meter Höhe zu fliegen. ◇

Im Himalaja ist der höchste Berg der Erde.

Fliegende Spinnenkinder

Woran merkst du, dass es Herbst wird?
Na, die Blätter werden bunt und die Tage werden kürzer.
Es wird früher dunkel und später hell. Und morgens und
abends ist es schon richtig kühl. Nach solch einer kühlen Nacht
5 siehst du dann plötzlich überall Spinnennetze im Gras.
Der Tau, der an den Netzen haftet, macht sie sichtbar.

Plötzlich sind überall draußen die feinen Spinnweben,
die einem durch das Gesicht streifen. Diese Fäden stammen
von Spinnenkindern, zum Beispiel von jungen Kreuzspinnen.
10 Sie schießen feine Spinnfäden in die Luft und lassen sich
daran vom Wind davontragen, wie kleine Luftschiffe.
Es gibt aber auch erwachsene Spinnen, die den Luftweg benutzen.
Eine davon ist die winzige Zwergspinne. Ihre Netze sind es auch,
die durch den Tau am Morgen sichtbar werden.

15 Früher glaubte man, dass Elfen
und Gnome all die feinen Spinnfäden und Netze weben würden.
Daher nannte man diese Zeit
im Herbst „Altweibersommer".
20 Der Name kommt von dem Wort
„weiben". Das ist ein sehr altes Wort,
heute sagt man „weben".

Spinnen sind nicht gerade für ihre Schönheit bekannt.
Aber es gibt doch richtig hübsche unter ihnen.
25 Da ist die Springspinne. Sie ist wie ein Zebra
schwarz-weiß gestreift und hüpft wie ein kleiner Frosch.
Oder die Gartenkreuzspinne. Sie trägt ein weißes Kreuz
auf ihrem Rücken, das ihr ihren Namen gab. ◈

Franz-August Emde und Sascha Ziehe

Auf dem Foto siehst du
eine Gartenkreuzspinne.

„Hallo, wer spricht da?"

Du möchtest mal schnell jemanden sprechen,
der weiter weg wohnt.
Was machst du? Du rufst ihn einfach an.
Vielleicht auch von unterwegs.
5 Aber war das schon immer möglich?

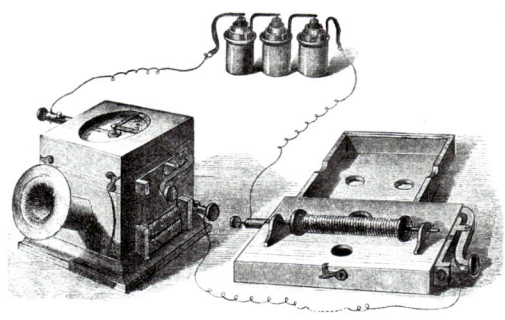

Das erste Telefon war
eine geniale Erfindung.
Es bestand aus einem Sender
zum Hineinsprechen,
10 einem Empfänger zum Hören
und Batterien. Aber es war
schwierig zu verstehen,
was gesprochen wurde.

Erstes Telefon 1863

Später hing das Telefon
15 fest an der Wand.
Es hatte eine Kurbel
an der Seite.

Wandtelefon um 1900

Dann hatte das Telefon
eine „Wählscheibe".
20 Die Wählscheibe wurde
mit dem Finger gedreht.

Telefon mit Wählscheibe um 1950

Die Telefone standen
nicht mehr unbedingt
an einem festen Ort, aber
25 ein Kabel verband sie mit
einer Telefonsteckdose
in der Wand.

Als es die ersten
Tastentelefone gab,
30 hatten die auch noch
ein Kabel.

Tastentelefon um 1980

Das erste Handy hatte
eine lange Antenne. Es war
größer als ein Arbeitsheft
35 und schwerer als
acht Tafeln Schokolade.
Es konnte nur zum
Telefonieren genutzt werden.

Mobiltelefone von 1983 bis 2010

Heute kann man mit einem Smartphone vieles:
40 telefonieren, fotografieren, filmen, spielen,
Nachrichten schicken, ins Internet gehen.

Mit welchem Telefon haben
deine Großeltern früher
telefoniert?

Telefonkette

Wenn früher der Schwimmunterricht ausfiel, startete man eine Telefonkette.

*Morgen ist kein Schwimmen,
dafür aber Musik.
Nächste Woche ist wieder normal.*

*Nächste Woche ist kein
Schwimmen, dafür haben wir Musik.
Morgen ist normal.*

*Morgen ist alles normal.
Dafür haben wir nächste Woche
Schwimmen statt Musik.*

*Morgen fällt Musik aus.
Nächste Woche ist normal Schwimmen.
Wollen wir heute ins Kino?*

*Hey, alles normal?
Heute gehen wir ins Kino.
Und morgen ist Schwimmen, dafür aber
nächste Woche kein Musik.*

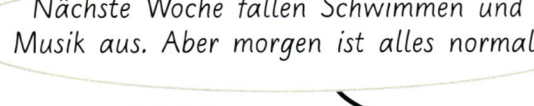

*Nächste Woche fallen Schwimmen und
Musik aus. Aber morgen ist alles normal.*

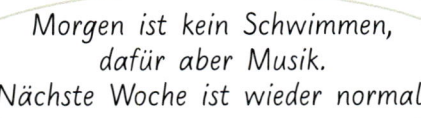

*Morgen ist kein Schwimmen,
dafür aber Musik.
Nächste Woche ist wieder normal.*

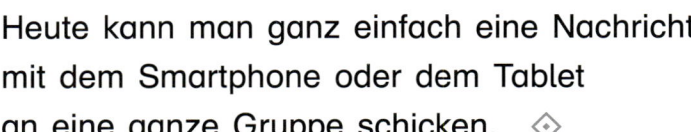

Heute kann man ganz einfach eine Nachricht
mit dem Smartphone oder dem Tablet
an eine ganze Gruppe schicken. ◈

Text: Till Penzek, Bilder: Julia Neuhaus

Mit einem Klick in die Welt

Die grandiose Idee, ein Telefon mit einem Fotoapparat
zu kombinieren, hat die Fotografie für immer verändert.
Heute hat fast jeder ein Handy bei sich, also auch eine Kamera,
sodass die ganze Welt ständig fotografiert wird!

5 Als es noch kein Internet gab, brauchten sogar Nachrichtenbilder
Stunden oder sogar Tage, bis sie an die Öffentlichkeit gelangten.

Heute kann jeder Fotos machen und sie innerhalb von Sekunden
über das Internet mit allen teilen. Das ist irgendwie cool, aber auch
ein bisschen beängstigend, denn alles geht rasend schnell.
10 Wie behält man da den Überblick? ◇

Henry Carroll

Fotoprojekt

Auch kleine Dinge können ganz groß rauskommen!
Schaut euch in eurer Umgebung genau um, ihr könnt viel entdecken.

So bereitet ihr das Fotoprojekt vor

- Bildet Zweiergruppen.
- Jedes Team braucht eine Fotokamera, ein Smartphone
  oder ein Tablet mit Kamera.
- Hier fotografiert ihr: Geht in einen Park, auf eine Wiese
  oder in einen Wald in der Nähe.
- Ihr braucht gutes Licht zum Fotografieren, aber es darf
  nicht zu hell sein. Meidet pralles Sonnenlicht.

Was ist …?

das **Motiv**: Das, was du fotografieren möchtest, heißt Motiv.
Es kann ein Lebewesen oder ein Gegenstand sein.
Es kann aber auch ein Ausschnitt von etwas sein.

die **Perspektive**: Die Richtung, aus der du fotografierst,
ist die Perspektive. Die Perspektive kann von vorne, von oben,
von unten oder von der Seite sein.

der **Zoom**: Der Zoom ist eine Funktion der Kamera.
Damit kannst du Motive näher heranholen. Benutze den Zoom nur,
wenn du nicht nahe genug an dein Motiv herangehen kannst.

So führt ihr das Fotoprojekt durch

• Sucht euer Motiv nicht nur in Augenhöhe.
  Geht auch in die Hocke oder legt euch auf den Boden.

• Geht dicht an euer Motiv heran.
  Aber Achtung: Wenn das Motiv unscharf wird,
  seid ihr zu nahe!

• Fotografiert euer Motiv nicht nur von vorne.
  Probiert verschiedene Perspektiven aus:
  Wie sieht euer Motiv von oben, von unten
  und von der Seite aus?

• Haltet die Kamera (oder das Tablet oder das Smartphone)
  beim Fotografieren ganz ruhig, sonst verwackelt das Bild.
  Ihr könnt euch mit dem Arm oder dem Knie abstützen.

So plant ihr eure Fotoausstellung

• Seht euch die Fotos auf einem großen Bildschirm genau an:
  Welche Fotos gefallen euch am besten?
  Entscheidet gemeinsam, welche Bilder ihr zeigen wollt.

• In einer Drogerie oder in einem Supermarkt könnt ihr
  die Bilder ausdrucken.

• Klebt die Fotos auf Tonpapier auf. Hängt alle Bilder
  an eine Wäscheleine oder direkt an die Wand.

Jetzt können alle Besucherinnen und Besucher
die Bilder eurer Fotoausstellung betrachten.

Viel Spaß dabei!

In einer **Fabel**
verhalten sich Tiere
wie Menschen.

In Fabeln spielen meistens nur Tiere mit.
Jedes Tier hat eine besondere Eigenschaft.

So sind Tiere in Fabeln:
gierig, genügsam, dumm, neidisch,
5 zufrieden, ängstlich, klug, stark,
bescheiden, mutig, angeberisch, geizig ...

Alles sind Eigenschaften, die auch Menschen haben.
Deswegen tragen die Fabel-Tiere
auf Bildern manchmal Menschenkleidung.

10 Meistens gibt es in Fabeln einen Streit
oder einen Wettkampf.
Nur einer gewinnt.

Aus einer Fabel kannst du
immer etwas lernen.
15 Zum Beispiel, dass es besser ist,
klug zu sein als stark.
Die **Lehre** einer Fabel heißt auch **Moral**.

Fabeln gibt es schon sehr, sehr lange.
Die ersten Fabeln hat sich **Äsop** ausgedacht.
20 Er lebte vor über 2500 Jahren in Griechenland.
Aber ganz genau weiß man das nicht.

Äsop wollte den Menschen zeigen, dass
nicht immer nur die Starken, die Großen
und die Gemeinen gewinnen.

25 Um selbst keinen Ärger mit den Mächtigen
zu bekommen, setzte Äsop Tiere an die Stelle
von Menschen.

Noch heute erzählen Autorinnen und Autoren
die Fabeln von Äsop nach.

Wenn zwei sich streiten …

freut sich der Dritte.

Zwei Frösche

Auf einem Hof sahen zwei Frösche einen Krug
mit frischer Sahne stehen.
„Hm, köstlich!", sagte der eine Frosch.
„Lass uns probieren", meinte der andere Frosch,
5 und schon sprangen sie beide in den Krug.

Die beiden Frösche leckten und schleckten
die Sahne, bis der halbe Krug leer war.

Als sie satt waren, wollten sie wieder hinaus.
Aber die beiden Frösche konnten den Rand
10 nicht mehr erreichen. Zu tief saßen sie im Krug.

„Wir wollen strampeln, damit wir herauskommen",
schlug der eine Frosch vor.
Sie strampelten und strampelten.

Schließlich sagte der andere Frosch:
15 „Das schaffen wir nie. Ich mag nicht mehr."
Er rührte sich nicht mehr und ging unter.

Der eine Frosch aber wollte nicht aufgeben.
Immer weiter trat er mit den Beinen in die Sahne.
Da fühlte er plötzlich, wie die Sahne unter ihm
20 fest wurde. Er hatte so lange gestrampelt,
bis aus der Sahne Butter geworden war!

Jetzt konnte der Frosch aus dem Krug springen
und lachte fröhlich:
„Wer nicht so schnell aufgibt, der wird auch belohnt!"

nach Äsop

Der Hase und die Schildkröte

nach Äsop

Die Geschichte vom Adler und der Taube

Eine Taube hatte sich im Gebirge
verflogen. Da stürzte sich ein
gewaltiger Adler auf die Taube.
Es gelang ihr gerade noch,
5 sich in eine schmale Felsspalte
zu retten. Der Adler ließ sich auf
einer Plattform vor der Spalte nieder.
„Du wolltest mir entkommen:
Nun hab ich dich erst recht",
10 sagte er lachend.
Die Taube sagte:
„Wenn du mich leben lässt,
großer Adler, dann werde ich
dir sehr dankbar sein."
15 Der Adler antwortete:
„Deine Dankbarkeit ist mir
gleichgültig. Denn Taubendank
macht Adlern keine Ehre."

Die Taube hatte sich ängstlich
20 in die Felsspalte zurückgezogen.
Da bemerkte sie, dass ihre
Schwanzfedern von einem leichten
Luftzug bewegt wurden. Irgendwo
hinter ihr musste ein kleines Loch
25 in der Felswand sein. Wenn sie
es schaffen würde, das Loch
nach hinten zu vergrößern,
hätte sie eine Möglichkeit,
dem Adler zu entkommen.
30 Aber dazu brauchte sie Zeit.

Sie überlegte blitzschnell.
Und da fiel ihr Scheherazade ein,
die ihr Leben rettete, indem sie
tausendundeine Nacht lang
35 Geschichten erzählte.

Dieses huschte ihr durch den Kopf,
als der Adler gerade sagte:
„Taubendank macht Adlern
keine Ehre."
40 Die kluge Taube sagte:
„Du hast dich vertan, großer Adler.
Das Sprichwort heißt in Wirklichkeit:
Spinnendank macht Menschen
keine Ehre. Du kennst die schöne
45 Geschichte sicherlich?"
„Nein", antwortete der Adler. „Du
kannst mich mit der Geschichte
ein bisschen unterhalten, bevor du
der Welt ade sagst."
50 „Gemacht", sagte die Taube.
„Ich erzähle sie dir."

Und während sie mit ihrem
Schwanz so leise und vorsichtig
wie möglich das Loch hinter sich
55 vergrößerte, erzählte sie dem Adler
die Geschichte. ◈

James Krüss

> Vor langer Zeit gab es
> einmal eine Spinne …

Die Maus unter dem Kornspeicher

Auf einem Hof unter einem Kornspeicher lebte eine Maus.
Sie hatte entdeckt, dass auf dem Boden des Kornspeichers
ein kleines Loch war. Genau darunter hatte sich die Maus
ihr Nest gebaut. Sie brauchte nur abzuwarten, dann fiel
5 ein Korn in ihr Nest. Ganz langsam fiel noch ein Korn in das Nest.
Und nach einer Weile fiel wieder ein kleines Korn herab.
Es reichte gerade, dass die Maus immer satt war und
ein gutes Leben hatte.

Nach einer Zeit wurde die Maus unzufrieden. Sie wollte
10 nicht mehr auf jedes einzelne Korn warten.
„Wenn ich das Loch größer nage", überlegte die Maus,
„fallen mehr Körner herunter. Und ist das Loch groß genug,
kann ich so viele Körner haben, wie ich will."

Die Maus kratzte und nagte so lange, bis das kleine Löchlein
15 ein großes Loch war. Doch das große Loch im Boden
bemerkte der Bauer und nagelte es zu.
Nun fiel kein einziges Korn mehr in ihr Nest.

nach Leo Tolstoi

Der Bär und der Löwe

Der Bär hatte gerade eine Kuh erlegt und wollte sie fressen,
als ein Löwe kam.
„Die Kuh gehört mir", brüllte der Löwe. „Ich habe Hunger."
„Da täuschst du dich aber gewaltig. Ich habe selber Hunger",
5 brummte der Bär.

„Die Kuh gehört natürlich mir. Schließlich bin ich ein Löwe!"
„Diese Kuh gehört selbstverständlich mir. Schließlich bin ich ein Bär!"
„Du willst mir die Kuh also nicht schenken? Auch gut, dann muss ich
dich eben verjagen", drohte der Löwe und stürzte sich auf den Bären.

10 Der Bär war auf diesen Angriff gefasst. Er verteidigte sich
mit Bärenkräften. Wie ein Knäuel wälzten sich die beiden am Boden.
Sie verpassten sich kräftige Hiebe. Doch sie waren gleich stark.

Nach einiger Zeit knurrten sie sich nur noch erschöpft an und
leckten ihre Wunden. Einige Hyänen hatten bereits gewartet.
15 Sie fielen nun über die Kuh her und fraßen sie auf.

Als von der Kuh nichts mehr übrig war, seufzte der Bär und
sagte zum Löwen: „Die Kuh hätte für uns beide gereicht.
Warum waren wir nur so blöd?"
„Ja, das frage ich mich auch", knurrte der Löwe reumütig. ◇

Dimiter Inkiow nach Äsop

Der gierige Hund

Einem großen Hund war es gelungen, einem kleinen Hündchen
ein saftiges Stück Fleisch abzujagen. Stolz lief er mit seiner Beute
davon. Es war nicht weit bis zum Wald. Dort wollte er seine Beute
in aller Ruhe verzehren.

5 Als er über eine Brücke lief, überlegte er, zum Essen
einen Schluck zu trinken. Er sah zum Wasser hinunter.
Da entdeckte er einen Hund, der ebenfalls ein Stück Fleisch
im Maul hatte.
„Sein Fleischstück ist noch größer und saftiger als meines",

10 dachte der Hund. „Das werd ich mir holen!"
Er stürzte sich kopfüber in den Bach und schnappte nach dem Hund,
den er von der Brücke aus gesehen hatte. Das Wasser spritzte
nach allen Seiten, aber er konnte den anderen Hund nicht fassen.
Da fiel dem Hund sein eigenes Fleischstück ein.

15 Wo war das geblieben?
Verärgert tauchte er danach.
Leider vergeblich.
So hatte er in seiner Gier auch noch
das Beutestück verloren, das er schon

20 fest zwischen den Zähnen hatte. ◇

Ursel Scheffler nach Äsop

Moral

Schädlich ist die blanke Gier,
die Lehre gilt für Mensch und Tier.
Gar mancher Plan ins Wasser fällt,
wenn ihn die Habsucht aufgestellt.
Bewahre lieber, was du hast,
eh du nach dem Trugbild fasst.

Der große Löwe und die kleine Maus

nach Äsop

Der Fuchs und der Storch

Der Fuchs hatte den Storch zum Essen eingeladen
und setzte ihm die leckersten Speisen vor. Aber nur
auf ganz flachen Tellern, von denen der Storch
mit seinem langen Schnabel nichts fressen konnte.
5 Gierig fraß der Fuchs alles allein, obwohl er dem Storch
ständig sagte:
„Hau rein, mein Freund, lass es dir schmecken!"
Der Storch war sauer, tat aber so, als ob alles
in Ordnung wäre. Er lobte sogar das Essen und sagte:
10 „Vielen Dank, du guter Fuchs! Ich bitte dich, komm du
doch auch morgen zu mir zum Essen."

Als nun der Fuchs am nächsten Tag zum Storch kam,
waren alle möglichen Leckerbissen aufgetischt.
Aber alle in Flaschen und Krügen mit langen Hälsen!
15 „Fühl dich wie zu Hause!", rief der Storch dem Fuchs
lächelnd zu. Und er pickte mit seinem langen Schnabel
all die Köstlichkeiten allein auf. Dem Fuchs blieb nichts
anders übrig, als zuzuschauen. Er kam mit der Schnauze
einfach nicht tief genug in die Krüge hinein.
20 Hach, was roch das Essen gut! Sein Magen knurrte.
Hungrig stand er vom Tisch auf und gab zu: „Also gut,
diesmal hast du es mir richtig zurückgegeben, Storch." ◇

Günther Jakobs
nach Äsop

Der Affe, der sein Herz vergaß

In einem Mangobaum am Ufer eines Flusses lebte ein Affe.
Er ernährte sich von den köstlichen, saftigen Mangofrüchten,
die im Baum wuchsen.
Eines Tages schwamm ein Krokodil ans Ufer und klagte:
5 „Der Fluss scheint leer gefischt. Ich bin hungrig.
Wo kann ich hier etwas zu essen finden?"
Der Affe sagte: „Hier in meinem Baum gibt es
jede Menge köstliche Mangofrüchte."
Er warf ihm eine Frucht hinunter.
10 Das Krokodil schnappte danach.
„Köstlich!", schmatzte es. Und dann
fraß es noch eine Mango und noch eine.
Dem Krokodil schmeckten die ungewohnten
Früchte so gut, dass es immer wieder kam.
15 Der Affe freute sich.
So wurden die beiden Freunde.

Das Krokodil erzählte seiner Frau von den köstlichen Mangos.
Da wollte die Krokodilfrau natürlich auch die Früchte probieren.
Der Affe sagte: „Klar! Du kannst Früchte für sie haben.
20 So viel du tragen kannst!"
Er warf dem Krokodil so viele Früchte zu, dass es sein Maul
kaum mehr zubekam. Es bedankte sich und schwamm zu seiner Frau.
Die Krokodilfrau war begeistert von den Mangos.
Sie sagte gierig: „Wenn die Früchte des Affen so wunderbar
25 schmecken, wie köstlich muss erst der Affe selbst schmecken,
der sich ausschließlich von ihnen ernährt!"
Und dann befahl sie ihrem Mann, den Affen zum Essen
einzuladen.

„Das ist unmöglich", sagte der Krokodilmann, der die Absicht
30 seiner Frau ahnte.

„Er ist mein Freund und ich möchte nicht, dass ihm etwas passiert!"
Die Krokodilfrau stellte sich krank und jammerte:

„Der Arzt hat gesagt, wenn ich nicht als Medizin das Herz des Affen
bekomme, werde ich sterben!"

35 Schweren Herzens machte sich das Krokodil auf den Weg.
Der Affe wartete schon am Ufer.

„Da bist du ja endlich. Ich habe dich schon vermisst",
sagte er vergnügt.

„Meiner Frau haben deine Früchte so köstlich geschmeckt.
40 Sie möchte dich als Dank dafür zum Essen einladen!",
sagte das Krokodil.

„Vielen Dank für die Einladung. Aber wie soll ich zu euch kommen?
Ich kann doch nicht schwimmen", fragte der Affe.

„Setz dich auf meinen Rücken", antwortete das Krokodil.
45 Als sie mitten im Fluss waren, sagte das Krokodil zum Affen:

„Meine Frau ist schwer krank und wenn sie nicht das Herz eines Affen
als Medizin bekommt, wird sie sterben. So geht leider dein Leben
und unsere Freundschaft zu Ende!"
Das war ein Schock für den Affen.

50 „Wie schrecklich, dass deine Frau so krank ist. Ich würde ihr
auch gerne helfen. Aber ich hab mein Herz im Mangobaum vergessen.
Lass uns schnell zurückschwimmen, damit ich es holen kann."
Das Krokodil kehrte um.

Als sie am Ufer ankamen, sprang der Affe schnell auf seinen Baum und rief:
55 „Du dummer, falscher Freund! Wusstest du nicht, dass wir Affen
unser Herz immer bei uns haben? Fort mit dir und lass dich hier
nicht mehr blicken." ◇

Ursel Scheffler

Im Theater kommen **Spielstücke** auf die Bühne.

Kulisse: Hintergrund, passend zum Stück

Regisseur: plant die Aufführung, steht aber nicht auf der Bühne

Schauspielerin: spielt ihre Rolle auf der Bühne

Requisite: Gegenstand, der zum Stück gehört

Kostüm: Kleidung, passend zu den Rollen

Bühne: Platz, auf dem das Stück aufgeführt wird

Publikum: sieht zu und klatscht Beifall

Alle, die an einem Theaterstück mitwirken, sind gleich wichtig und alle werden für eine gute Aufführung gebraucht.

Ein **Live-Hörspiel** ist ein besonderes Spielstück.

Dabei sprecht oder lest ihr die Rollen auf der Bühne.

Als Geräuschemacherinnen und Geräuschemacher

macht ihr die Geräusche zum Stück.

Probiert vorher aus, was am besten passt.

Ihr braucht keine Kostüme, keine Kulisse und

keine Requisiten.

Das Publikum kann sogar die Augen schließen.

Die Aufführung wird angehört.

Das Rennen geht in die letzte Kurve. Der blaue Wagen ist vorn. Doch was ist das?

Brumm, brumm, brumm, QUIIIIETSCH!!!

Vollbremsung! Mitten auf dem Weg steht ein riesiges Vieh.

Muuuuhhh!

Klong Klong

Tipp: Ihr könnt euer Live-Hörspiel auch aufnehmen

und euch immer wieder anhören.

Warm-up!

Bevor Schauspielerinnen und Schauspieler auf die Bühne gehen,
lockern sie ihren Körper und wärmen ihre Stimme auf.
Wenn dein Körper entspannt ist, kannst du dich besser
auf der Bühne bewegen. Es hilft auch gegen Aufregung und
Lampenfieber. Es ist wichtig, dass dich das Publikum
gut verstehen kann, deswegen musst du laut und deutlich
sprechen. Deine Stimme wärmst du vor dem Auftritt auf,
damit sie klar und kräftig klingt.

Warm-up für den Körper

- Stelle dich mit beiden Füßen fest auf den Boden
  und schüttle deinen ganzen Körper.
- Drehe den Kopf nach ganz links und ganz rechts.
  Schaue dabei über deine Schultern.
- Schwinge die Arme nach hinten und vorne, nach rechts
  und nach links. Drehe den Oberkörper dabei.
- Tripple mit den Füßen ganz leicht auf der Stelle, tritt fester auf,
  stampfe mit den Füßen und werde wieder leiser.

Warm-up für die Stimme

- Gähne mehrmals hintereinander
  mit weit geöffnetem Mund.
- Mache Wind-Geräusche, Heul-Geräusche,
  Motoren-Geräusche. Werde leise und lauter.
- Puste so, dass deine Lippen dabei flattern.
- Sprich ein langes Aaaaaaa und gehe dabei
  mit der Stimme hoch und wieder runter.
  Wiederhole mit E, I, O, U.

> Nimm einen Korken
> zwischen die Zähne und versuche, so zu
> sprechen, dass die anderen dich verstehen.
> Sprich dann ohne Korken. Du sprichst
> nun viel deutlicher!

Übungen vor dem Spielen

Hier bin ich

Gehe kreuz und quer durch den Raum, ohne jemanden
zu berühren. Teste verschiedene Rollen und gehe wie
ein Angeber, eine suchende Forscherin, eine ängstliche
Schülerin, ein lustiger Gaukler ...

Spiegel

Suche dir ein Partnerkind und stellt euch
gegenüber. Mache Bewegungen und
„führe" damit. Dein Partnerkind soll
die Bewegungen möglichst genau und
gleichzeitig nachahmen. Wechselt euch ab.

Stichwort

Wähle eine Geschichte aus. Vereinbare mit deinen
Mitspielerinnen und Mitspielern Bewegungen,
passend zu bestimmten Wörtern aus der Geschichte.
Lies die Geschichte vor: Bei den Stichworten müssen
sich alle wie abgesprochen bewegen (verbeugen,
tanzen, winken ...).

Meine Rolle

Wähle einen Satz aus und trage ihn passend
zu deiner Rolle vor. Achte dabei auf die Lautstärke
und die Betonung. Du bist Radiomoderatorin,
Monster, Lehrer, Löwe, Maus ... Bewege dich dazu. ◈

Schläfst du?

Rollen: Micha, Jane, Popow, Pedro, Zaza, Omar, Nono, Kaki
Bühnenbild: 8 Betten nebeneinander

Alle liegen in ihren Betten.

Popow: SCHNARCH, CHRRR, PÜÜH, SCHNURCH,
5 RRPFF, TSSSS, SCHNAA, PÜÜÜH.

Nono *(sitzt im Bett)*: Micha, schläfst du?
Der Popow schnarcht total laut.

Micha: Psst! Du weckst noch alle.

Nono: Ich kann nicht einschlafen. Liest du mir was vor?

10 Popow: SCHNAAARCH, CHRRR, PÜÜH, CHRR, SCHNURCH.

Micha: Meinetwegen. Dann komm doch rüber.

Pedro: Nono? Bist du wach? Leihst du mir ein Kuscheltier?

Popow: SCHNAARCH, RRPFF, SCHNORRCH, CHRRR, PÜÜÜH.

Nono *(auf dem Weg zu Micha)*: Na gut,
15 aber holen musst du's dir selbst.

Zaza: Pedro! He, Pedro! Darf ich bei dir
im Bett schlafen? Ich schlaf nicht gern allein.

Popow: SCHNAA, HAPÜÜH, TSS, SCHNAA, TSSS.

Pedro *(angelt nach dem Kuscheltier)*: Oh nein,
20 kommt nicht infrage. Schlaf doch bei Micha.

Nono sitzt bei Micha im Bett. Sie lesen ein Buch.

Kaki: Zaza? Darf ich aus deinem Glas trinken?

Popow: SCHNAARCH, HAPÜÜH, SCHOOORCH, RRPFF.

Zaza *(ist aus dem Bett geklettert und reicht das Glas)*:
25 Ist gut, aber lass mir was übrig.

Zaza läuft zu Michas Bett. Pedro läuft mit Kuscheltier zu Michas Bett.

Omar: He, aber ... Was macht ihr denn da alle?

Popow: SCHNAARCH, PÜÜH, RRRPF, TSSS.

Zaza: Micha liest uns eine Geschichte vor.

30 *Kaki läuft zu Michas Bett.*

Omar: Wartet, ich komm auch! *(Rennt zu Michas Bett.)*

Popow: SCHNAA, SCHNURCH, CHRR, PÜÜH, CHRRR.

Jane: Ich komme auch! Ich möchte auch eine Geschichte hören.
(Klettert auch in Michas Bett.)

35 Popow: RRRTS, SCHNOO, RRRTSSS, RRRPFFFF.

Micha: Es war einmal …

Micha, Jane, Zaza, Kaki, Omar, Nono, Pedro *(liegen alle
schlafend in Michas Bett)*: CHRR, PÜÜH, CHRRR, PÜÜH.

Popow *(steht auf, reckt sich)*: AAAAH, hab ich gut geschlafen.

40 Micha, Jane, Zaza, Kaki, Omar, Nono, Pedro:
PÜÜH, CHRRR, PÜÜH, CHR, CHR, CHR.

Popow *(sieht erstaunt die leeren Betten)*: Na, aber …
Wo sind denn alle hin? ◇

Dorothée de Monfreid

Piraten-Party!

*Rollen: Erzählerin, Klunkergold (Kapitänin), Segelhüpfer (Schiffsjunge),
Raddreher (Steuermann), Mitvielmut (Pirat), Holzauge (Piratin),
Hakenhand (Piratin), Poltermann (Kapitän), ganz viele Seeleute
Bühnenbild: Strand, Schiff, Meer, Palmeninsel*

5 *Kapitänin Klunkergold und ihre Seeleute, Steuermann Raddreher,
der Schiffsjunge Segelhüpfer, Pirat Mitvielmut und Piratin Holzauge,
liegen gelangweilt am Stand.*

Klunkergold *(entdeckt eine angeschwemmte Flasche):*
Leute, seht mal her, eine Flaschenpost!

10 Segelhüpfer: Da ist sicher eine Schatzkarte drin! Auf ins Abenteuer!

Klunkergold *(enttäuscht):* Nein, das ist keine Schatzkarte.
Das ist eine Einladung! *(jetzt aufgeregt)* Raddreher komm rüber,
du kannst lesen. Lies vor.

Raddreher *(liest langsam)*: Einladung! Alle, die diese Flaschenpost finden,
15 sind zur Piraten-Party eingeladen! Kommt schnell auf die Palmeninsel!
Bringt alle mit, die ihr unterwegs trefft.

Mitvielmut: Juhu, wir fahren zu einer Party!

Klunkergold: Segel setzen! Anker lichten!
Das lassen wir uns nicht entgehen.

20 Erzählerin: Die Seeleute stechen in See.
Schon nach kurzer Zeit geraten sie in ein heftiges Gewitter.

Raddreher *(laut)*: In Deckung!

Erzählerin: Die Wellen schlagen hoch. Raddreher kann den Kurs
kaum halten. Segelhüpfer wird beinahe über Bord gespült.

25 **Mitvielmut** *(japsend)*: Hej Kleiner, halt dich an mir fest!

Holzauge: Der Sturm legt sich. Dahinten sehe ich ein Schiff!

Raddreher: Das ist Käpten Poltermann, den laden wir gleich mit ein! Gib ihm Lichtzeichen.

Mitvielmut: Er hat uns zurückgeleuchtet, dass er hinter uns herfährt.

30 **Erzählerin:** Sie nähern sich der Palmeninsel. Immer mehr Schiffe sind zu sehen, alle haben die gleiche Flaschenpost gefunden.

Segelhüpfer: Ankern! Wir sind da!

Raddreher: Bin schon gespannt, wen wir alles treffen. Piraten-Party gab es ja schon lange nicht mehr.

35 **Klunkergold:** Alle in die Beiboote, wir setzen über.

Erzählerin: Von der Palmeninsel erklingt Musik und lauter Gesang. An Land gibt es ein großes Hallo.

Hakenhand: Endlich seid ihr da! Klunkergold, Poltermann, erzählt von euren Abenteuern!

40 **Poltermann:** Das machen wir, aber erst mal wird ordentlich gefeiert!

Erzählerin: Von wem die Flaschenpost eigentlich kam, wusste niemand. Aber das war auch egal. Gemeinsam feierten sie das größte und schönste Fest.

Alle Seeleute tanzen und singen, so laut sie können.

Die Versteigerung

Rollen: Erzählerin, Pekka, Mika, Ella, Lehrer, Frau des Lehrers, Versteigerer,
einige Gäste bei der Versteigerung

Erzählerin: Die Klasse hat ein Problem. Bald soll die Weihnachtsfeier
sein, aber der Hausmeister hatte alle Kostüme gespendet! Die Kinder,
5 ihr Lehrer und seine Frau wollen deswegen Kostüme ersteigern.
Bevor die Versteigerung beginnt, zählt der Lehrer noch einmal das Geld.

Lehrer *(zu den Kindern)*: Denkt daran: Immer die Hände unten behalten!
Nur wer etwas kaufen möchte, hebt die Hand.

Lehrer *(zu seiner Frau)*: Liebling, du hast nicht zufällig ein Seil dabei?

10 Frau des Lehrers: Nein, Schatz.

Versteigerer *(hinter einem Pult mit einem Hämmerchen in der Hand)*:
Da wäre als Erstes … fünfzig Meter erstklassiges Nylonseil.
Wir beginnen mit fünf Euro. Bietet jemand fünf Euro?

Pekka *(springt auf)*: Wir können ein Seil gebrauchen!

15 Versteigerer: Keine weiteren Gebote? *(Haut mit dem Hämmerchen*
auf das Pult.) Das Seil für den jungen Herrn dort hinten.

Erzählerin: Der Lehrer holt ärgerlich das Seil ab, schleppt es
hinaus auf den Flur und kommt wieder zurück in den Saal.

Der Versteigerer bietet eine Schubkarre zur Versteigerung an.

20 Lehrer: Hört zu: Hier sagt jetzt erst mal keiner was
außer dem Auktionator, verstanden!

Mika: Und wer soll das sein, der Auktionator?

Lehrer: Der da. *(Zeigt auf den Versteigerer.)*

Versteigerer: Eine Schubkarre verkauft an den Herrn dort hinten.
25 *(Zeigt mit seinem Hämmerchen auf den Lehrer.)*

Noch ärgerlicher holt der Lehrer die Schubkarre ab, bringt sie auf den Flur und kommt wieder herein. Der Versteigerer bietet gerade drei Schneeschaufeln zur Versteigerung an.

Frau des Lehrers *(flüsternd)*: Ihr müsst ein bisschen vorsichtiger sein!
30 Wer erinnert sich noch, worum mein Mann euch vorhin gebeten hat?

Pekka, Mika und Ella heben die Hand.

Lehrer: Oh nein, nicht schon wieder! *(Geht nach vorne und holt die drei gerade ersteigerten Schneeschaufeln.)* Raus mit euch, ihr passt jetzt im Flur auf das Seil, die Schubkarre und die Schnee-
35 schaufeln auf. Hier, für jeden von euch noch ein Euro. Den dürft ihr behalten, wenn ihr draußen bleibt, bis alles vorüber ist.

Die Kinder schauen vom Flur aus in den Saal hinein.

Versteigerer: Und zum Schluss: wunderbare Kostüme für ein Krippenspiel! *(Zieht einige Teile aus einem großen Pappkarton hervor.)*

40 *Keiner im Saal hebt seine Hand. Auch der Lehrer meldete sich nicht. Er starrt nur in seinen leeren Geldbeutel.*

Frau des Lehrers: Es ist kein Geld mehr da!

Die drei Kinder schauen sich gegenseitig an und dann das Geld in ihren Händen. Sie nicken sich zu.

45 **Pekka, Mika, Ella** *(durch den Türspalt)*: Drei Euro!

Versteigerer: Verkauft an die drei Weisen hinten an der Tür! *(Schlägt mit dem Hämmerchen auf sein Pult.)*

Die Kinder gehen nach vorne, holen die Kiste ab und bezahlen. Der Lehrer, die Frau des Lehrers, Pekka, Mika, Ella
50 *ziehen einzelne Teile aus der Kiste heraus.*

Ella: Das sind ja genau die Kostüme, die der Hausmeister gespendet hat! ◈

Timo Parvela

Die große Rallye

Rollen: Karlo Kandinsky (Radioreporter), Linda Lombardi (Radioreporterin), Tom Turbowsky, Wilma Wullenwelle, Geräuschemacher

KK: Hallo und herzlich willkommen, hier spricht Karlo Kandinsky.
Ich begrüße Sie zur Übertragung der großen Rallye.

5 LL: Hier ist Linda Lombardi, auch von mir ein herzliches Hallo.
An der Startlinie stehen schon die Fahrzeuge bereit.

Geräusche: Startschuss, Aufheulen der Motoren ...

KK: Da der Startschuss! Das Rennen beginnt!

LL: Gleich geht Gilbert Grunewald in Führung. Und bei mir
10 am Mikrofon sitzt jetzt der Sieger des Vorjahres, Tom Turbowsky.

TT: Der macht es richtig! Losfahren und gewinnen!

Geräusche: Motoren, Reifen, Hupen ...

KK: Er ist nicht aufzuhalten. Doch was ist das?
Die Hebebrücke öffnet sich unter der Limousine.

15 Geräusche: Motoren, Quietschen, Krachen, Wasser ...

TT: Gilbert stürzt ins Wasser! Zum Glück kann er gut schwimmen!

LL: Die Fahrer verlassen das flache Land. Es geht steil nach oben.

KK: An der Spitze des Fahrerfeldes Katja Käsbohrer
mit ihrem Traktor. Achtung! Was ist denn das?

20 Geräusche: Motoren, Bremsenquietschen, Knall ...

TT: Der Traktor kippt. Katja springt zur Seite. Glück gehabt!

LL: Nun geht es hinab in die Stadt.

KK: Nepomuk Neumeyer übernimmt die Führung.

Geräusche: Motoren, Fahren, Klappern ...

25 TT: Oooooaaah! Was ist das? Nepomuk sitzt ohne Brille am Steuer!

Geräusche: Motoren, Bremsenquietschen, Aufprall, Wasser ...

LL: Er hat den Jeep ins Hafenbecken gelenkt!

KK: Ganz herzlich begrüßen wir nun Wilma Wullenwelle im Studio.
Ihr Mann Waldemar ist auf dem Ackerland in Führung gegangen.

30 Geräusche: Motoren, Holpern, Hühnergackern …

LL: Wer kann Ihrem Gatten noch gefährlich werden?

WW: Ach, den Waldi in seinem Lauf hält niemand so leicht auf. –
Aber nein, was ist das? Waldemar, was machst du denn?

Geräusche: Motoren, Matsch, durchdrehende Reifen, absterbender Motor ...

35 KK: Oh je! Für Waldemar endet das Rennen im Schlamm – schade!

LL: Hamlet Halbritter, geht in Führung. Gleich hat er
die große Mauer erreicht und fährt durch das Tor und …

Geräusche: Motoren, Krachen, Scheppern …

WW: Oh, da fehlten ein paar Zentimeter. Sein Gepäck
40 kracht gegen die Mauer. Das war es dann wohl.

LL: Doch wartet! Eine fährt noch: Ella Edmundsen hat es
bis hierher geschafft! Sie biegt mit ihrem Lastwagen
auf die Zielgerade ein und überquert die Ziellinie.

Geräusche: Jubel, Hupen ...

45 LL: Niemand hat verloren,
alle haben gewonnen! ◈

nach Jochen Stuhrmann

Stichwortverzeichnisse

Quellenverzeichnis

Quellenverzeichnis

S. 4: Maar, Paul: Die Ente steht auf einem Bein (Originaltitel: Tierische Zweizeiler, ◇ gekürzt und verändert). Aus: JAguar und NEINguar. Gedichte von Paul Maar. Oetinger Verlag: Hamburg 2007. **S. 6: Budde Nadia:** Kostümierte Katzen (◇ gekürzt und verändert). Aus: Trauriger Tiger toastet Tomaten. Peter Hammer: Wuppertal 2006. **Hattenhauer, Ina:** Vom Traumschiff zum Raumschiff (◇ gekürzt und verändert). Aus: Das ausgelassene ABC. Gerstenberg: Hildesheim 2019. **Maar, Paul:** Tierische Zweizeiler (◇ gekürzt und verändert). Aus: JAguar und NEINguar. Gedichte von Paul Maar. Oetinger Verlag: Hamburg 2007. **S. 7: Thörner, Cordula:** Buchstabentausch oder Tuchstabenbausch. Aus: Eva Bade, Cordula Thörner: Sprachspiele. Als der Wal Vokale stahl. Carlsen: Hamburg 2018. **Holtei, Christa:** Gerüttelt und geschüttelt (◇ gekürzt und verändert). Aus: ABC-Suppe und Wortsalat: Geschichten, Gedichte und Spiele rund um die Sprache. Patmos: Düsseldorf 2006. **S. 8: Rautenberg, Arne:** stimmt es wirklich dass (◇ gekürzt). Aus: der wind lässt tausend hütchen fliegen. Boje: Köln 2010. **Jatzek, Gerald:** Die Sprachspinner (◇ gekürzt und verändert). Aus: Uwe-Michael Gutzschhahn (Hg.): Sieben Ziegen fliegen durch die Nacht. dtv: München 2018. **S. 9: Ernst Jandl:** fliegen. Aus: der künstliche baum. Band 9. Luchterhand: Darmstadt und Neuwied 1970. **S. 10: Erhardt, Heinz:** Der Kabeljau (◇ verändert). Aus: Es war einmal ein buntes Ding. edelkids: Hamburg 2009. **Franco, Betsy:** Am Meer. „Me at the Sea" © 2016 by Betsy Franco. Aus: Kenn Nesbitt: Jetzt noch ein Gedicht, und dann aus das Licht! Übersetzung Michael Köhlmeier und Bastian Kresser. Carl Hanser: München 2019. **S. 11: Schürmann-Mock, Iris:** Der Badeschwamm (Originaltitel: Der Urahn, ◇ verändert). Aus: Wer besser spinnt, gewinnt. Verblüffende Rekorde im Tierreich. Knesebeck: München 2020. **S. 12: Mordhorst, Heidi:** Novembervulkan. „November Volcano" © by Heidi Mordhorst 2016. Aus: Kenn Nesbitt: Jetzt noch ein Gedicht, und dann aus das Licht! Übersetzung Björn Kuhligk. Carl Hanser: München 2019. **Seidel, Heinrich:** November (◇ Auszug). Aus: Neues Glockenspiel: Gesammelte Gedichte. Hansebooks: Norderstedt 2016. **Bydlinski, Georg:** Allee im Herbst. Aus: Wasserhahn und Wasserhenne. DachsVerlag, Wien 2002. **S. 13: Ebbertz, Martin:** Winterschlaf. Aus: Prima Hol Zofen Pizza. Gedichte für Kinder. Verlag Razamba Martin Ebbertz: Frankfurt am Main 2018. **Guggenmos, Josef:** Das Eichhörnchen, Weinheim: Beltz und Gelberg, 2006. **Rautenberg, Arne:** o. T. Aus: rotkäppchen fliegt rakete. neue gedichte für kinder. Peter Hammer: Wuppertal 2017. **S. 14: Engel, Erika:** Weihnachtsfreude. (◇ Auszug). Aus: Horst Seeger (Hg.): Die große Liedertruhe. Der Kinderbuchverlag: Berlin 1984. **Scheffler, Ursel:** Vorweihnachtstrubel © Ursel Scheffler, Kinderbücher, www.scheffler-web.de. **Raczka, Bob:** Stringing popcorn (Originaltitel: December 12th). Aus: Santa Clauses Short Poems from the North Pole. Carolrhoda Books: Mineapolis. Text copyright Bob Raczka 2014. **S. 15: Janisch, Heinz:** Wenn es schneit. Aus: Ich schenk dir einen Ton aus meinem Saxofon. Jungbrunnen: Wien 1999. **Güll, Friedrich Wilhelm:** Winterrätsel (◇ gekürzt). Aus: Julius Lohmeyer (Hg.): Rätselstübchen: Erste Sammlung sämtlicher Original-Rätsel. Verlag Carl Flemming: Glogau 1882. **Rautenberg, Arne:** träum nur wenn du willst. Aus: rotkäppchen fliegt rakete. neue gedichte für kinder. Peter Hammer: Wuppertal 2017. **S. 16: Ringelnatz, Joachim:** Das Ei. Aus: Gesammelte Werke, Band 12. Anaconda: Köln 2015. **Schneider, Antonie:** In einem Meer von Mohn. Aus: Mein buntes Blumenfest. Residenz Verlag im niederösterreichischen Pressehaus: St. Pölten – Salzburg – Wien 2014. **Erhardt, Heinz:** Der Frühling. Aus: Ein Nasshorn und ein Trockenhorn. Lappan: Oldenburg 2009. **S. 17: Busta, Christine:** Wenn die Schnecke auf Urlaub geht. Aus: Die Zauberin Frau Zappelzeh. O. Müller: Salzburg 1979. **Budde, Nadia:** Auf keinen Fall will ich ins All! (◇ gekürzt). Aus: Borsten, Bart und Beckenrand. Peter Hammer: Wuppertal 2016. **Gutzschhahn, Uwe-Michael:** Ferien. Aus: Unsinn lässt grüßen. Gerstenberg: Hildesheim 2012. **S. 20: MacDonald, Alan:** Oberstress mit Unterhose (◇ gekürzt und verändert). Mit Bildern von David Roberts. Aus: Rocco Randale. Oberstress mit Unterhose. Aus dem Englischen von Monika Osberghaus. Klett Kinderbuch: Leipzig 2010. **S. 22: Woltz, Anna:** Sonntag, Montag, Sternentag (◇ gekürzt und verändert). Aus dem Niederländischen von Andrea Kluitmann. Carlsen: Hamburg 2020. **S. 24: Liebers, Andrea:** Finn macht es anders (◇ gekürzt und verändert). Peter Hammer: Wuppertal 2017. **S. 26: David, Lawrence** (Text), Delphine Durand (Illustration): Plötzlich Käfer (Originaltitel: Hilfe, Gregor ist plötzlich ein Käfer! ◇ gekürzt und verändert). Aus dem Englischen von Wolfram Sadowski. Beltz & Gelberg: Weinheim und Basel 2019. **S. 27: Till, Jochen:** Ungeheuerlich (Originaltitel: Einfach ungeheuerlich! Rotzschleimtorte für alle! ◇ gekürzt und verändert). Ravensburger Buchverlag Otto Maier: Ravensburg 2015. **S. 28: Abidi, Heike:** Du bist ich und ich bin du (◇ gekürzt und verändert). Aus: Hilfe, ein Spiegelbill. Hummelburg Verlag. Imprint der Ravensburger Verlag GmbH: Ravensburg 2020. **S. 31: Morgenroth, Matthias:** Traumberuf Ritter (◇ gekürzt und verändert). Aus: Floretta Ritterkind. Deutscher Taschenbuch Verlag: München 2011. **S. 32: Boie, Kirsten:** Gauklerei (◇ gekürzt und verändert). Bilder von Barbara Scholz. Aus: Der kleine Ritter Trenk und der Turmbau zu Babel. Oetinger Verlag: Hamburg 2013. **S. 32: Franz, Cornelia:** Wenzels größter Wunsch (◇ gekürzt und verändert). Aus: Wenzel und die wilden Räuber. Deutscher Taschenbuch Verlag: München 2019. **S. 38: Waechter, Philip** (Text und Bilder): Endlich wieder zelten! (◇ gekürzt und verändert). Beltz & Gelberg: Weinheim und Basel 2015. **S. 39: Gmehling, Will:** Der Sprung (Originaltitel: Freibad, ◇ gekürzt und verändert). Peter Hammer: Wuppertal 2019. **S. 40: Murail, Marie-Aude:** Sprachbaden (◇ gekürzt und verändert). Aus dem Französischen von Paula Peretti. Aus: Ich Tarzan – du Nickless! Moritz Verlag: Frankfurt a. Main 2011. **S. 45: Torp, Signe:** Coole Höhlenwohnungen (Originaltitel: Cooles Versteck, ◇ gekürzt und verändert). Aus: Wo wir zu Hause sind. Unser Leben in Baumhaus, Schloss und Iglu. Übersetzung Stefanie Brägelmann, Erfstadt. E. A. Seemann Verlag in der E. A. Seemann Henschel GmbH & Co. KG: Leipzig 2020. **S. 46: Schaffer, Lena und Volker Mehnert:** Auf Skiern zur Schule (Originaltitel: Arktis, ◇ gekürzt und verändert). Aus: Lena Schaffer: Wir gehen zur Schule! Von Kenia bis Amerika. Gerstenberg: Hildesheim 2019. **S. 47: Heldmann, Kristina:** Ohne Eis kein Eisbär (◇ gekürzt und verändert). Verlagshaus Jacoby & Stuart, Berlin: 2020. **S. 49: Lich, Barbara:** Kunst aus Kunststoff (◇ gekürzt und verändert). Aus: GEOlino, Nr. 2/2020 © GEO 2020, Verlag Gruner + Jahr: Hamburg. **S. 50: o. V.:** Plastik: beliebt, aber tückisch (◇ gekürzt und verändert). Aus: BfN Naturdetektive: Lexikon: Plastikmüll im Meer. Bundesamt für Naturschutz, Konstantinstraße 110, 53179 Bonn;

87

https://naturdetektive.bfn.de/lexikon/lebensraeume/wasser/plastikmuell-im-meer.html; Zugriff 29.6.2021. **S. 52: Görtz, Sixta**: Kleine Helfer (Originaltitel: Mini-Müllmänner, ◇ gekürzt und verändert). Aus: BfN Kinatschu. Kinder & Naturschutz. 3 Herbst. Bundesamt für Naturschutz, Konstantinstraße 110, 53179 Bonn; https://naturdetektive.bfn.de/fileadmin/NATDET/documents/Kinatschu/Kinatschu_Herbst_2015.pdf Zugriff 29.6.2021. **S. 53: Oftring, Bärbel**: Sammelmeister und Sprungtalent (Originalüberschrift: Das Eichhörnchen, ◇ gekürzt und verändert). Aus: Mein Kosmos-Buch Natur. Unsere 150 wichtigsten Tiere und Pflanzen. Franckh-Kosmos Verlags GmbH: Stuttgart 2020. **S. 54: o. V.**: Zugvogel-Rekorde (◇ gekürzt und verändert). Aus: BfN Naturdetektive: Lexikon: Zugvögel und Zugvogel-Rekorde. Bundesamt für Naturschutz, Konstantinstraße 110, 53179 Bonn; Naturdetektive für Kinder – www.naturdetektive.de: Zugvögel (bfn.de) und Naturdetektive für Kinder – www.naturdetektive.de: Zugvogel-Rekorde (bfn.de); Zugriff 29.06.2021. **S. 55: Emde, Franz-August** und Sacha Ziehe: Fliegende Spinnenkinder (◇ gekürzt). Aus: BfN Kinatschu. Kinder & Naturschutz. 3 Herbst. Bundesamt für Naturschutz, Konstantinstraße 110, 53179 Bonn; https://naturdetektive.bfn.de/fileadmin/NATDET/documents/Kinatschu/Kinatschu_Herbst_2015.pdf Zugriff 29.6.2021. **S. 58: Penzek, Till** (Text) und Julia Neuhaus (Illustrationen): Telefonkette (gekürzt und verändert). Aus: Als die Großen klein waren. G&G Verlagsgesellschaft mbH: Wien 2019. **S. 59: Carroll, Henry**: Mit einem Klick in die Welt (Originaltitel: Kurze Geschichte der Fotografie, ◇ gekürzt und verändert). Aus: So machst du richtig coole Fotos. Aus dem Englischen von Bettina Eschenhagen. © 2019 Laurence King Publishing Ltd, London; Laurence King Verlag GmbH, Berlin: 2019. **S. 66: Krüss, James**: Die Geschichte vom Adler und der Taube (◇ gekürzt und verändert). Aus: Die Fabelinsel. © Boje: Köln 2010. **S. 68: Inkiow, Dimiter**: Der Bär und der Löwe (◇ gekürzt und verändert). Aus: Aesops Fabeln oder Die Weisheit der Antike. © LangenMüller in der F. A. Herbig Verlagsbuchhandlung GmbH: München 2009. **S. 69: Scheffler, Ursel**: Der gierige Hund (◇ gekürzt und verändert). Aus: Die schönsten Tierfabeln. © KERLE in der Verlag Herder GmbH: Freiburg i. Br.: 2011. **S. 71: Jakobs, Günther**: Der Fuchs und der Storch (◇ gekürzt und verändert). Aus: Atelier Hafenstraße: Das total verbammelte super Tummelsurium der Tiere. Gedichte, Geschichten und tierischer Quatsch. Carlsen: Hamburg 2015. **S. 72: Scheffler, Ursel**: Der Affe, der sein Herz vergaß (◇ gekürzt und verändert). Aus: Die schönsten Tierfabeln. © KERLE in der Verlag Herder GmbH: Freiburg i. Br.: 2011. **S. 77: nach Landa, Thomas Joseph** und Norbert Landa: Übungen vor dem Spielen: Hier bin ich, Spiegel, Stichwort (◇ verändert). Aus: Kinder machen Theater. Christophorus-Verlag: Freiburg i. B. **S. 78: de Monfreid, Dorothée**: Schläfst du? (◇ verändert). Aus dem Französischen von Ulrich Pröfrock. Reprodukt: Berlin 2017. **S. 82: Parvela, Timo**: Die Versteigerung (◇ gekürzt und verändert). Aus: Ella in der Schule. Aus dem Finnischen von Anu und Nina Stohner. Carl Hanser: München 2007. **S. 84: nach Stuhrmann, Jochen**: Die große Rallye (◇ gekürzt und verändert). Copyright © 2011 Jochen Stuhrmann. Bajazzo Verlag: Zürich 2011.

Originalbeiträge: S. 4: Sylvia Gredig: Insekten summen. **S. 44:** Sylvia Gredig: Nachrichten aus aller Welt. **S. 48:** Sylvia Gredig: Interview zum Umwelttag. **S. 56:** Sylvia Gredig: „Hallo, wer spricht da?". **S. 60:** Sylvia Gredig: Fotoprojekt. **S. 64:** Andrea Sperr nach Äsop: Zwei Frösche. **S. 65:** Andrea Sperr nach Äsop: Der Hase und die Schildkröte. **S. 67:** Andrea Sperr nach Leo Tolstoi: Die Maus unter dem Kornspeicher. **S. 70:** Andrea Sperr nach Äsop: Der große Löwe und die kleine Maus. **S. 77:** Andrea Sperr: Meine Rolle. **S. 80:** Andrea Sperr: Piraten-Party!

Bildquellenverzeichnis

S. 5 l.: Nadia Budde © Christian Reister; **r.:** © Nadia Budde. **S. 6:** Budde, Nadia: Trauriger Tiger toastet Tomaten. Peter Hammer: Wuppertal 2006. **S. 17:** Budde, Nadia: Auf keinen Fall will ich ins All! Peter Hammer: Wuppertal 2014. **S. 20, 21 u. Cover:** Alan MacDonald: Rocco Randale. Oberstress mit Unterhose. Mit Bildern von David Roberts. Aus dem Englischen von Monika Osberghaus. Klett Kinderbuch: Leipzig 2010. **S. 26 Cover:** Lawrence David (Text), Delphine Durand (Illustration): Hilfe, Gregor ist plötzlich ein Käfer! Aus dem Englischen von Wolfram Sadowski. Beltz & Gelberg: Weinheim und Basel 2019. **S. 32/33 u. S. 34 Cover:** Kirsten Boie: Der kleine Ritter Trenk und der Turmbau zu Babel. Bilder von Barbara Scholz. Oetinger Verlag: Hamburg 2013. **S. 38:** Philip Waechter: Endlich wieder zelten! Beltz & Gelberg: Weinheim und Basel 2015. **S. 42 o. l.:** Shutterstock.com/mharzl; **o. r.:** stock.adobe.com/Wayhome Studio; **m.:** Cornelsen/Brigitte Umkehr, Kürnach; **u. l.:** Shutterstock.com/AlexandrMusuc; **u. r.:** stock.adobe.com/John Chandler Media. **S. 43 l. u. S. 59:** Henry Carroll: So machst du richtig coole Fotos. Aus dem Englischen von Bettina Eschenhagen. © 2019 Laurence King Publishing Ltd, London; Laurence King Verlag GmbH, Berlin: 2019. **S. 43 m. l. u. S. 58:** Till Penzek und Julia Neuhaus (Illustrationen): Als die Großen klein waren. G&G Verlagsgesellschaft mbH: Wien 2019. **S. 43 m. r. u. S. 52:** Görtz, Sixta: BfN Kinatschu. Kinder & Naturschutz. Ausgabe 3 / Herbst. © Bundesamt für Naturschutz: 2021. **S. 43 r. u. S. 53:** Bärbel Oftring: Mein Kosmos-Buch Natur. Unsere 150 wichtigsten Tiere und Pflanzen. Franckh-Kosmos Verlags GmbH: Stuttgart 2020. **S. 44:** Shutterstock.com/Timothy Weinell. **S. 45 o.:** stock.adobe.com/Cisek Ciesielski; **u.:** stock.adobe.com/adisa. **S. 46 o.:** mauritius images/Westend61; **u.:** Shutterstock.com/ginger_polina_bublik **S. 49:** Artwork and photo: © Prestgaard/ Andersen 2018 ©. **S. 50 o.:** stock.adobe.com/detailfoto; **m.:** mauritius images/nature picture library; **u.:** stock.adobe.com/Ginger_polina_bublik. **S. 53:** Shutterstock.com/seawhisper. **S. 54 o.:** mauritius images/Minden Pictures; **m.:** mauritius images/Minden Pictures; **u.:** mauritius images/Ronald Wittek. **S. 55:** Shutterstock.com/CeltStudio. **S. 56 o.:** mauritius images/Science Source; **m.:** Shutterstock.com/Vladislav Gajic; **u.:** Shutterstock/stockphoto-graf. **S. 57 o.:** Shutterstock.com/pterwort; **u.:** Shutterstock.com/Santi S. **S. 60:** Cornelsen/Brigitte Umkehr. **S. 61 l.:** Shutterstock.com/Bozhena Melnyk; **m. l.:** Shutterstock.com/MaxManin; **m.:** Shutterstock.com/SOUMEN 21; **m. r.:** Shutterstock.com/Nataliia Suietska; **r.:** Shutterstock.com/Andre Trabandt